AJIKI SWEETS WONDER LAND

安食雄二の
オリジナルスイーツ

スイーツガーデン ユウジアジキ
安食雄二

MESSAGE

......

刊行によせて

from Bros.
[修業仲間からのメッセージ]

左は「モンサンクレール」オーナーシェフの辻口博啓氏、右は「ロートンヌ」オーナーシェフの神田広達氏。2人は、安食シェフが住み込みで働いていた1軒目の修業先「ら・利す帆ん」での先輩、後輩であり、寝食をともにした兄弟のような存在だ。厳しい修業時代を経て現在、3兄弟はそれぞれに店をもち、唯一無二の店づくりを行っている。安食シェフは、独自の世界観で菓子をつくる辻口氏と神田氏を心から尊敬し、ともに励んできたことを誇りに思っている。

"MESSAGE" from
HIRONOBU TSUJIGUCHI

安食と出会ったのは僕が20歳の頃。住み込みの店で寝食をともにしながら、毎日朝から晩まで働きました。その時に店で働いていた5人で年間2億円ぶんのお菓子をつくっていましたから、毎日が戦争状態でした。また当時は、いま以上に個人店からコンクールに挑むのは困難でしたが、そんななかでも夢を追い、仕事が終わってから明け方3時くらいまでお互い切磋琢磨し、コンクールの練習に没頭しました。あの時代があるから、いまがあります。安食、広達と過ごした時間は自分の財産なんだと、いろいろな思いが巡ります。俺たちは兄弟のようなもの、離れていてもわかり合える不思議なつながりをもっている。安食、あの時代をのり越えたから、いまがあるよな。この本がいろいろな意味で安食の人生を物語る1冊になることを楽しみにしている。おめでとう！

モンサンクレール
オーナーシェフ
辻口博啓

"MESSAGE" from
KOUTATSU KANDA

僕にとって、辻口さんと安食さんは偉大な先輩であり、師匠であり、じつのお兄ちゃん以上に兄貴のような存在です。正直、この2人に出会わなかったら、いまの自分はなかったと思うんです。最初に勤めた「ら・利す帆ん」では、彼らの姿を見ながら育ったといっても過言ではありません。当初、職人としての自覚が欠けていた僕に、技術的なことはもちろん、仕事への姿勢や責任感など、職人に必要なことを2人は身をもって教えてくれました。時には兄貴のように叱ってくれたり、兄弟のようにふざけ合ったり、楽しいエピソードもつきません。いまでは名実ともにすごい人たちなのに、変わらず親しくさせてもらい、こうやって安食さんの本の刊行に際し、言葉を贈せていただけることに心底感謝しています。安食さんの出版は僕にとっても感無量。これからも弟分としてずっと応援しています。

ロートンヌ
オーナーシェフ
神田広達

INTRODUCTION

……

はじめに

　僕は2001年に初めてシェフという立場になって以来、つねに「自分らしさって何だろう」と考え続けてきました。僕自身、それまで数々のコンクールを経験してきたなかで、個性やオリジナリティがいかに大切か、身をもって実感。毎回、「ひと目で誰の作品かわかるように」という思いで挑んできました。とはいえ、ふだんの菓子屋としての仕事では、ショートケーキやチーズケーキなど誰もが親しんでいる菓子をつくることも多く、「これは自分がつくった菓子だ」と主張できるものばかりではありません。

　僕らはいわば表現者であり、何が売れるかとか、いまの流行とか、ビジネス面だけを意識して菓子をつくっているわけではありません。ビジネス的な成功を求めることが、自分の望む仕事の仕方とは異なる場合もあります。かといって、好きなものだけをつくり、「わかる人だけわかればいい」というのでは、たんなる自己満足になりかねない。そのバランスをとることはすごく難しいことです。

　だから僕は、店のデザインや、ショーケースに並ぶ商品をトータルで見てもらい、自分のスタイル、世界観を伝えられたらと考えています。バランスといえば、日本で育った僕らの味覚と、ヨーロッパの菓子のすばらしさを、自分のなかでどう融合させ昇華させていくかを考えることも大切だと思います。2010年の独立開業の際、店名に「パティスリー」ではなく「スイーツガーデン」と冠したのは、たくさんの菓子に彩られた、楽しく居心地のよい「スイーツの庭」をつくりたいと考えたから。フランス菓子やドイツ菓子といった枠にとらわれず、町の菓子屋として「安食の菓子」を提供していきたいと思っています。

CONTENTS
...
目次

CHAPTER 1
基本のパーツ

2	刊行によせて
4	はじめに
10	菓子づくりの道具
12	菓子づくりの材料
14	つくりはじめる前に

16	パータ・ジェノワーズ Pâte à génoise
18	パート・シュクレ・オー・ザマンド Pâte sucrée aux amandes
20	パータ・シュー Pâte à choux
22	ビスキュイ・ジョコンド Biscuit Joconde
24	ビスキュイ・オー・ザマンド・エ・ショコラ Biscuit aux amandes et chocolat
26	ビスキュイ・サッシェ Biscuit Sacher
28	パート・フイユテ Pâte feuilletée
30	クレーム・パティシエール Crème pâtissière
32	クレーム・アングレーズ Crème anglaise
33	クレーム・ダマンド Crème d'amandes
34	メレンゲ Meringue française
35	イタリアン・メレンゲ Meringue italienne
36	ヘーゼルナッツのプラリーヌ Praline aux noisettes
37	コンポート・フリュイ・ルージュ Compote de fruits rouges
38	プチガトーのショーケース

取材・執筆／並木麻輝子
撮影／髙島不二男
アートディレクション・デザイン／吉澤俊樹（ink in inc）
デザイン／ ink in inc
イラストレーション／安食雄二
図面作成／島内美和子
フランス語校正／千住麻里子
編集／黒木 純

CHAPTER 2
ユウジアジキの定番菓子

41 フレーズ
Fraise

トロピカルショートケーキ
Tropical Shortcake

モモのショートケーキ
Pêche

46 フロマージュ・クリュ
Fromage Cru

49 プランタン
Primtemps

イヴェール
Hiver

52 ベイクドチーズと
果実のタルトのマリアージュ
Tarte au Fromage et aux Fruits

56 フレジエ
Fraisier

58 あまおうのタルト
Tarte aux Fraises

黄金桃のにぎり
Tarte aux Pêches

アメリカンチェリーの軍艦巻き
Tarte aux Cerises Américaines

宮崎マンゴー大トロにぎり
Tarte aux Mangues

62 シュー・ア・ラ・クレーム
Choux à la Crème

64 シュークリーム食べた～い
Choux Craquelin

66 エクレール・カフェ
Éclair Café

68 スペアミント
Spearmint

70 サントノレ・トンカ
Saint-Honoré Tonka

72 あまおうのシブスト
Chiboust Fraise

洋梨のシブスト
Chiboust Poire

デコポンのシブスト
Chiboust Dekopon

グレープフルーツのシブスト
Chiboust Pamplemousse

フルーツのシブスト
Chiboust aux Fruits

78 モンブラン
Mont-blanc

81 和栗のモンブラン
Mont-blanc au Marron Japonais

84 和栗のミルクレープ
Mille-crêpes au Marron Japonais

ミルクレープ
Mille-crêpes

88 タルト・シトロン・キャラメル・ポワール
Tarte Citron, Caramel, Poire

タルト・シトロン
Tarte Citron

92 ナガノパープル、イチジク、
カシスのリンツァートルテ
Torte Linzer aux Raisins, Figues, Cassis

96 カーディナルシュニッテン
Kardinalschnitten

100 フォレ・ノワール
Forêt-noire

103 店づくり

104 厨房

CHAPTER 3
ユウジアジキのオリジナル菓子

- 107 ジヴァラ
Jivara
- 110 サオトボ・ルージュ
Saotobo Rouge
  - サオトボ
Saotobo
- 114 ミラネーゼ
Milanese
- 118 アルモニー
Harmonie
- 122 ノワゼット・バナーヌ・エ・カフェ
Noisette Banane et Café
- 126 アッサム・カネル
Assam Cannelle
- 128 タンゴール
Tangor
- 131 クルミのダコワーズ
Dacquoise aux Noix
- 134 マカハ-4
Makaha-4
- 138 グルノブロワ
Grenoblois
- 142 ハニーハント
Honey Hunt
- 147 美和
Miwa
- 152 チョコレートケーキ
Chocolate Cake
- 157 デリス
Delice
- 160 ショコラ・フランボワーズ
Chocolat Framboise
- 162 スイーツガーデン
Sweets Garden
- 164 ブション・ド・シャンパーニュ
Bouchon de Champagne
- 168 ピーチティー
Peach Tea
  - ロイヤルミルクティープリン
Royal Milk Tea Pudding
- 172 白桃のババロワとクレマン・ダルザスのゼリー、バラの香りの白桃コンポート
Verrine de Pêche Blanche et Crémant d'Alsace
- 174 アリババ・モヒート
Ali Baba Mojito

- 176 シェフの修業時代
- 178 アントルメのショーケース

CHAPTER 4
ユウジアジキのおやつ菓子

- 180 マドレーヌ
Madeleine
  - マドレーヌ・バニーユ
Madeleine Vanille
- 182 フィナンシェ・ブール・ノワゼット
Financier Beurre Noisette
  - フィナンシェ
Financier
  - フィナンシェ・メープル
Financier Maple
- 184 キャレ・アルザシエンヌ
Carré Alsacienne
- 186 **焼き菓子**
DEMI-SEC & FOUR SEC
  - ダコワーズ・ノワゼット
Dacquoise Noisette
  - パン・ド・ジェンヌ・アマンド
Pain de Gênes aux Amandes
  - ウィークエンド・シトロン
Week-end Citron
  - ディアマン・ノワ
Diamant Noix
  - ディアマン・ココ
Diamant Coco
  - ディアマン・セザム
Diamant Sésame
  - サブレ・バニーユ
Sablé Vanille
  - チョコシナモンサブレ
Sablé Chocolat Amande Cannelle
  - サブレ・ノワゼット
Sablé Noisette
  - 米サブレ
Sablé Riz
  - バトン・セザム
Bâton Sésame
  - 塩サブレ
Sablé Fromage Salé
  - バトン・フロマージュ
Bâton Fromage

188	ケイク CAKE	202	ホワイトデーの贈りもの CONFISERIE

188　ケイク / CAKE

- ケイク・バンブー / Cake Bamboo
- ケイク・ピーチティー / Cake Peach Tea
- ケイク・モヒート / Cake Mojito
- ケイク・ココバナーヌ / Cake Coco Banane
- ケイク・フィグノワールカシス / Cake Figues Noir et Cassis
- ケイク・ハイビスカス / Cake Hibiscus

190　ラ・クマのマクラ / Bear's Pillow

191　安食ロール / Ajiki-roll

192　プリン（プレミアム、ジャージー、スタンダード）/ Pudding《 Premium, Jersey, Standard 》

194　ガレット・デ・ロワ / Galette des Rois

196　シュトーレン / Stollen

198　バレンタインデーのチョコレート / CHOCOLAT

- ラブ・セントラル / Love Central
- ダンゴ / Dango
- プラリネ / Praliné
- ロシェ・アマンド / Rocher Amande
- スモーキー・アルマニャック / Smoky Armagnac
- モヒート / Mojito
- コロンビア・ナリーニョ / Columbia Nariño

202　ホワイトデーの贈りもの / CONFISERIE

- ギモーヴ / Guimauve
- マカロン・フラワー / Macaron Flower
- ラブ・ロックス・シロ / Love Rocks Shiro
- マリー・アントワネットのおやつ / Marie Antoinette's Sweets
- パート・ド・フリュイ / Pâtes de Fruits
- タブレット・ショコラ / Tablette Chocolat

204　記念日のケーキ / ENTREMETS

- ク MAX / Ours
- うさぎちゃん / Lapin
- ぶたさん / Porc
- 猫ゆうじ / Chat
- ひよこちゃん / Poussin
- ブーブー / Voiture
- フレーズ / Fraise
- フロマージュ・クリュ / Fromage Cru
- モンブラン / Mont-blanc
- デリス / Delice
- ハニーハント / Honey Hunt
- プランタン / Printemps
- ジヴァラ / Jivara
- サオトボ・ルージュ / Saotobo Rouge

216　シェフの休日

218　スタッフ

220　父への手紙

221　索引

Mélangeur
ミキサー

ミキサーは、おもに「キッチンエイド・スタンドミキサー」を使用。同ミキサーは速度を10段階で調節でき、本書では1～3段階を低速、4～7段階を中速、8～10段階を高速と表記。撹拌子は、生クリームやメレンゲなど材料に空気を抱き込ませる時はホイッパー、クッキー生地のように材料を打ちつけて均一に混ぜる時はビーターを使用する。

Robot de cuisine
フードプロセッサー

フードプロセッサーとは、モーターによるカッター刃の回転で、投入した材料を切り混ぜる調理器具。写真はフランス・ロボクープ社の製品で、硬いナッツ類でも瞬時に粉砕でき、自家製のナッツペーストをつくる際にも重宝する。また、真空処理をして撹拌・乳化をすることもでき、気泡のないなめらかなクリームをつくることもできる。

UTENSILS

......

菓子づくりの道具

Spatule, Thermomètre
ヘラと温度計

菓子づくりは素材の化学変化を利用することが多いため、正確な温度管理が求められる。安食シェフは、ヘラにセロファンテープで温度計を貼りつけ、材料を混ぜながら温度をチェック。鍋を火にかけてクリームを炊く時や、ボウルの底を氷水にあてて冷却する時、チョコレートを湯煎で溶かす時には、かならず温度計つきのヘラが登場する。

Casseroles en cuivre
銅鍋

独立開業にあたってそろえたフランス製の銅鍋は現在10点。銅鍋は熱伝導がよく火が均一に入るため、とくにアングレーズなどの卵黄系ソースは、底の薄い鍋でつくったものと比べ、仕上がりに歴然とした差が出るという。「道具の力を借りれば、より上質のものができる」と安食シェフ。クリームやソースづくりなどに毎日頻繁に活用している。

Flexipan
フレキシパン

シリコンとグラスファイバーでできたフランス・ドゥマール社の「フレキシパン」は、使用可能温度が250℃からマイナス40℃までと幅広く、オーブンから冷凍庫まで対応できるのが特徴。ムースやムースの中に仕込むクリームをつくる際に活用する。複雑な形でも型ぬきしやすく、フレキシパンを利用したユニークな形状の菓子も多数製作する。

Bac en bois
木製のばんじゅう

焼成したパータ・ジェノワーズを冷ます際には、パン生地発酵用の木製のばんじゅうを使用する。その理由は、「ごはんをおひつに移すのと同じ効果が得られるから」(安食シェフ)。木製のばんじゅうはほどよく湿度・水分量を調節してくれるので、生地は乾燥することがなく、また逆に蒸れることもなく、しっとりとした質感を維持できるという。

道具はそれを活かす人に集まる!!

Four à sol, Four ventilé
平窯(デッキオーブン)・コンベクションオーブン

ユウジアジキで使用するオーブンは、「平窯」と呼ばれるデッキオーブンとコンベクションオーブンの2種類。平窯は上火と下火で温度調節して焼き上げる構造で、型で焼くパータ・ジェノワーズやタルトなどの焼成に適している。コンベクションオーブンは、庫内のファンで熱風を循環させて焼き上げるのが特徴で、メレンゲや焼き菓子に向く。

Caraméliseur
キャラメライザー

安食シェフ愛用のスペイン製キャラメライザー。ムースやクリーム、生地などの表面に粉糖をふり、カラメル化させる時に用いるキャラメライザーは、定番商品のシブスト(72頁参照)をつくる際に欠かせない道具。なお、キャラメリゼの際は、右手にキャラメライザー、左手にガスバーナーを持ち、出た煙をガスバーナーで燃やしながら行っている。

Farine
小麦粉

小麦粉は、たんぱく質の含有量で強力粉、中力粉、薄力粉に分けられ、ソフトな口あたりの生地をつくる場合はたんぱく質量の少ない薄力粉を、グルテンの弾力を生かす場合は強力粉を使う。ユウジアジキでは、薄力粉は「スーパーバイオレット」（日清製粉）、強力粉は「カメリヤ」（日清製粉）と「モンブラン」（第一製粉）を使用している。

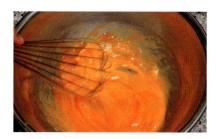

œuf
卵

クレープやロールケーキ、シュークリームなどの味を左右する卵は、吟味を重ねて選んだ「那須御養卵」のMS玉を使用。濃厚な味と鮮やかな黄身が特徴だ。卵は、使う前に冷蔵庫から出して室温に戻しておくと、ほかの材料となじみやすい。また、頻繁に使用する卵黄は、20%のグラニュー糖を加えて冷凍しておくと、作業効率がアップする。

INGREDIENTS

菓子づくりの材料

Sucre
砂糖

砂糖はおもに精製度が高く無色透明なグラニュー糖を使用するが、菓子によっては黒糖やメープルシュガーなどを使って個性をつけることも。グラニュー糖を粉砕してつくられたパウダー状の粉糖は、水分の少ない生地への練り込みや、デコレーションに活用。糖度を保ちながら甘味度を下げたい時は、砂糖の一部をトレハロースで代用する。

Beurre
バター

菓子の風味とこくの決め手になるバターは、風味と物性を重視して、明治乳業の「明治発酵バター」（食塩不使用タイプ）を選択。豊かな発酵風味とフレッシュな香りが特徴で、コシが強くすぐれた伸展性をもち、作業性が高いことも使い続けている理由だ。使用する際は、あらかじめ冷蔵庫からとり出しておき、室温に戻しておく。

Lait, Crème
牛乳・生クリーム

牛乳は、北海道釧路近郊・浜中町の乳脂肪分4.0％以上の生乳だけを使用した、タカナシ乳業の「特選・北海道4.0牛乳」（乳脂肪分4％）をメインに、ジャージー牛乳や、乳脂肪分8.8％の濃縮牛乳なども使用している。生クリームは、乳脂肪分の違い、乳業メーカーによる味の違いなどを考慮して、4社8種類を使い分けている。

Chocolat
チョコレート

生地やクリームに混ぜ込んだり、菓子をコーティングしたり、さまざまな場面で活躍するチョコレートは、カカオ豆の品種や産地、副材料の配合などによって生じる個性を見極めて使うことが大切。ユウジアジキではつくる菓子のイメージに合わせてドモリ、ヴァローナ、オペラ、不二製油の4社14種類のチョコレートを使い分けている。

素材ごとの特性を見極めることが大事!!

Fruit sec
ナッツ

アーモンドやヘーゼルナッツ、クルミなどのナッツ類は、菓子に風味と食感を与える名脇役。パウダーやペーストを生地やクリームに混ぜ込めば、こうばしい香りやしっとりした食感をプラスできる。ナッツをキャラメリゼしてペーストにしたプラリネは自家製。できたてのプラリネのこうばしさは格別で、菓子にフレッシュ感ももたらす。

Fruit
フルーツ

フレッシュの果物を積極的に活用しているのもユウジアジキの特徴。タルトをはじめ、ショートケーキやシブストも、果物を変えて通年で提供している。使用する果物はワンランク上質のもの。イチゴなら「あまおう」、ブドウなら「ナガノパープル」や「シャインマスカット」というように、注目度の高い品種を積極的に用いている点もユニーク。

つくりはじめる前に

- この本のレシピは、「スイーツガーデン ユウジアジキ」でつくられているレシピに基づいています。種類によっては、かなり大量になります。
- ミキサーの速度、撹拌時間などは、あくまでも目安です。ミキサーの機種や生地の状態などに応じて適宜調整してください。
- オーブンの温度、焼成時間などは、あくまでも目安です。オーブンの機種や生地の状態などに応じて適宜調整してください。
- オーブンは、あらかじめ設定温度になるように温めておきます。
- 室温の目安は 20℃、冷蔵庫は 2℃、冷凍庫はマイナス 20℃の設定です。
- 粉類（アーモンドパウダーやカカオパウダー、粉糖なども含む）は、使う前にふるいます。
- 打ち粉は強力粉を適宜使います。
- 卵は、とくに指定のない場合は、室温に戻してから使用します。
- バターは、発酵バター（食塩不使用タイプ）を使用しています。
- バニラビーンズは、縦にさいて種をしごき出し、必要に応じて種とさやを使用します。
- チョコレートは、製菓用のクーベルチュールを使用します。
- 使用素材のなかにはメーカー名や銘柄などを記載しているものもありますが、これは実際の風味を知る手がかりにしていただくためのもので、好みのものを使っていただいてかまいません。

CHAPTER

①

Basic

基本のパーツ

ユウジアジキの菓子に必須の生地、クリームなどのレシピを紹介します。
生地とクリームの組合せ次第で、ケーキのバリエーションは
ぐんと広がります。材料の配合や混ぜ方、加熱方法など、
各パーツでの安食シェフならではの工夫に注目を。

基本が大事！

Pâte à génoise

パータ・ジェノワーズ

全卵を泡立てる、共立て法のスポンジ生地。しっとりとした食感が特徴で、ショートケーキには欠かせない生地だ。つくり方のポイントは、卵液を温めたら、高速、中速、低速の順でじっくり撹拌して、細かな泡を充分につくること。また、粉を入れたらしっかりと混ぜ合わせること。そうすることで、グルテンが形成され、焼成後も沈まない生地になる。

材料（基本配合・直径18cmの丸型1台分）

全卵《œufs entiers》…135g
卵黄《jaunes d'œufs》…15g
グラニュー糖《sucre semoule》…104g
薄力粉《farine de blé tendre》…75g
溶かしバター《beurre fondu》…30g

| つくり方 |

1

ミキサーボウルに全卵と卵黄を入れ、泡立て器でざっとほぐす。

2

片手でグラニュー糖をふり入れながら、もう片方の手で泡立て器を動かして混ぜ合わせる。

3

2を直火にあて、泡立て器で混ぜながら約30℃まで温める。

4

温めたらすぐにミキサーにセットし、高速で3分間まわす。

5

中速に落として3分間、同じく、中低速、低速で各3分間まわして、徐々に大きな泡を細かくしながら、全体の泡の大きさを均一にととのえていく。こうすることで焼き上がりは、きめ細かく、口あたりのよい生地になる。

6

ふっくらとして、きめ細かくクリーミーな仕上がり。適度な流動性があり、上からたらすとトローッと落ちる。混ぜ終わりの温度は21～22℃になっているのが理想的。状態を見て、必要ならさらに1分間ほど低速でまわす。

7

6をボウルに移し、ふるっておいた薄力粉をふり入れ、ゴムベラで生地を切るようにしながら全体を手ばやく混ぜる。

8

粉がしっかり混ざったら、ボウルをまわしながら、底からすくい返すようにして混ぜる。混ぜる回数は好みで調整する。回数が少なければ軽めの仕上がりになり、多く混ぜればそのぶんグルテンが形成されてどっしりとした生地になる。

9

約60℃に温めた溶かしバターを加える。一ヵ所に注ぎ入れるのではなく、ヘラを平らにして、その上で受けながら、全体にちらし入れるようにする。8と同様に、ボウルをまわしながら、すくい返すようにして混ぜる。バターが均等に混ざればよい。型に生地を流し入れて上火180℃・下火170℃の平窯で25～30分間焼く。

Pâte sucrée aux amandes

パート・シュクレ・オー・ザマンド

名前にシュクレ(フランス語で「砂糖入りの」「甘い」の意)とあるように、甘みのあるサクッとした食感の生地で、おもにタルト生地として使用する。室温に戻してやわらかくしたバターに砂糖、卵、粉を順に加えてつくるが、サクサクの歯ざわりが身上なので、生地はあまり練りすぎないこと。粉の一部をアーモンドパウダーに代えて風味と旨みをプラス。

材料（基本配合・できあがり量約800g）

発酵バター《beurre》…210g
粉糖《sucre glace》…132g
塩《sel》…1.5g
全卵《œufs entiers》…60g
バニラビーンズ《gousse de vanille》…4/5本
薄力粉《farine de blé tendre》…340g
アーモンドパウダー《amandes en poudre》…54g

つくり方

1
バターを室温に戻し、扱いやすい大きさにカットしてからボウルに入れ、底を軽く直火にあてるか、電子レンジで温めるかして、練りやすい固さにする。

2
泡立て器を立ててトントンとたたくようにして、全体を均一の固さにととのえてから、しっかりと練り混ぜる。目安はつやが出てマヨネーズ状になるまで。

3
粉糖と塩を加え、泡立て器ですり合わせる。ここまではミキサーを使ってもかまわないが、ユウジアジキでは、ロットが大きい場合でも、これ以降の作業はかならず手で行う。理由は「ミキサーを使うと余分な空気が入りすぎてしまうため」(安食シェフ)。

4
別のボウルに全卵を入れ、バニラビーンズの種を加えてざっと混ぜ合わせる。材料表のバニラビーンズの量はあくまで目安。好みで加減する。

5
4を3のボウルに4〜5回に分けて加える。1回加えるごとにまんべんなく混ぜ合わせ、全体がむらなくつながったら次を加える。最初はとろんとした状態だが、卵を加えるにつれ、徐々に生地が固く締まってくる。

6
ふるっておいた薄力粉を加え、さらにアーモンドパウダーを加える。分量が多い場合は、あらかじめ薄力粉とアーモンドパウダーを合わせてから加える。

7
粉けがなくなるまでゴムベラで混ぜ合わせる。

8
混ぜ終わりの状態。

9
バットにOPPフィルムを広げて生地をのせ、打ち粉をして厚みが均一の四角形になるように生地を広げる。上からもOPPフィルムをかけて、てのひらで軽く押して形と厚みをととのえ、そのまま冷蔵庫でひと晩ねかせる。

Pâte à choux

パータ・シュー

シュー（キャベツ）の名のとおり、ぷっくりとまるく、亀裂の入った形が特徴。これは、生地の中に含まれていた水分が熱で蒸発し、それが外へ出ていこうとして生地を押し広げるから。きれいに膨らませるには、充分な粘りけのある生地をつくる必要があり、そのためには鍋に粉を加える前に、中の牛乳を沸騰させ、粉に完全に火を通すことが大切だ。

材料（基本配合・直径約4.5cm、20個分）

牛乳《lait》…337g
グラニュー糖《sucre semoule》…6.7g
塩《sel》…6g
発酵バター《beurre》…144g
薄力粉《farine de blé tendre》…96g
強力粉《farine de blé dur》…96g
全卵《œufs entiers》…350g
卵白《blancs d'œufs》…88g

つくり方

1

鍋に牛乳、グラニュー糖、塩、バターを入れ、強火にかけて沸騰させる。

2

沸騰してフワーッと液面が上がってきたら火を止めて、合わせてふるっておいた薄力粉と強力粉を入れ、木ベラでかき混ぜて粉と液体をなじませる。

3

粉けがなくなったところでふたたび弱火にかけ、約1分間、木ベラで切るようにして混ぜ続ける。

4

次第に全体がまとまり、生地が餅状になってくる。粉に完全に火が通って、生地に充分な粘りが出たら火からおろす。

5

ボウルに全卵と卵白を入れてときほぐし、4に少量ずつ、数回に分けて加え混ぜる。

6

加えるたびに、木ベラで切るようにして混ぜ合わせる。8割方なじんだら、次の卵液を入れるようにする。

7

生地がつながってきたらボウルに移して、卵液を入れつつ、木ベラで空気を抱き込むようにしてかき混ぜる。

8

卵液をすべて混ぜ合わせたら完成。生地は、木ベラですくうとゆっくり流れ落ちる程度の固さに。

9

仕上げに、ゴムベラに持ち替え、練るように混ぜる。大きな気泡を消し、きめをととのえる。

Biscuit Joconde

....

ビスキュイ・ジョコンド

卵黄と卵白を別々に泡立てる、別立て法でつくるビスキュイは、しっかりと泡立てたメレンゲを混ぜるため、コシが強く軽やかな食感が特徴。小麦粉の代わりにアーモンドパウダーを使用するビスキュイ・ジョコンドは、生地自体にアーモンドのこうばしさやこくがプラスされ、濃厚なクリームと合わせても引けをとらない存在感がある。

材料（基本配合・38.5cm×27.5cmの天板2枚分）

粉糖《sucre glace》…96g
アーモンドパウダー
　《amandes en poudre》…192g
ローマジパン
　《pâte d'amandes crue》…50g
全卵《œufs entiers》…160g
卵黄《jaunes d'œufs》…100g

メレンゲ《meringue française》
┌ 卵白《blancs d'œufs》…354g
│ 乾燥卵白《blancs d'œufs séchés》…3g
└ グラニュー糖《sucre semoule》…181g
薄力粉《farine de blé tendre》…154g
溶かしバター《beurre fondu》…60g

つくり方

1

フードプロセッサーに粉糖、アーモンドパウダーを入れる。

2

ローマジパンをちぎって重ならないように入れ、5秒間程度まわして全体をざっと合わせる。

3

ボウルに全卵と卵黄を入れ、泡立て器で混ぜ合わせる。これを数回に分けて**2**に加えていく。1回目は約20秒間まわして全体をよくなじませる。

4

2回目以降は、摩擦熱を起こさないよう、1回加えるごとに5～6秒間まわす。側面についた生地は、そのつどゴムベラで下に落としておく。卵液を加えるたびに生地がゆるみ、最終的にはもったりとしたとろみがある状態に。

5

同時進行でメレンゲをつくる(つくり方は34頁参照)。ボウルに移した**4**にメレンゲをまず泡立て器でひとすくいほど加える。メレンゲは、加える前に泡立て器で軽く混ぜてきめをととのえる。

6

ボウルをまわしながら、ゴムベラを斜めに入れて底から返すようにしてよく混ぜる。

7

残りのメレンゲの半量を加えて、ボウルをまわしながらさっくりと合わせる。

8

ふるっておいた薄力粉を一度に加えて同様に混ぜ、残りのメレンゲも同様に混ぜ合わせる。

9

約60℃の溶かしバターを加えて同様に混ぜる。天板に生地を流し入れ、上火・下火ともに200℃の平窯で18～20分間焼成する。

Biscuit aux amandes et chocolat

ビスキュイ・オー・ザマンド・エ・ショコラ

ユウジアジキで用意するチョコレート生地には、カカオパウダーを合わせたタイプと、チョコレートを溶かして混ぜ込むものの2種類がある。ビスキュイ・オー・ザマンド・エ・ショコラは、ローマジパンを使ったアーモンド生地に、カカオパウダーを加えてチョコレート風味に仕上げたもの。ふわっとした軽い食感で、さまざまなケーキに使われている。

材料（基本配合・38.5cm×27.5cmの天板2枚分）

全卵A《œufs entiers》…750g
グラニュー糖
《sucre semoule》…480g
乾燥卵白
《blancs d'œufs séchés》…16g
ローマジパン
《pâte d'amandes crue》…375g

全卵B《œufs entiers》…375g
薄力粉《farine de blé tendre》…450g
カカオパウダー
《cacao en poudre》…50g
溶かしバター
《beurre fondu》…225g

> つくり方

1

ミキサーボウルに全卵Aを入れて、泡立て器で軽く混ぜてほぐす。

2

グラニュー糖と乾燥卵白をボウルに入れて合わせ、それを**1**に加えて泡立て器でよく混ぜる。

3

ミキサーボウルの底を直火にあて、泡立て器で混ぜながら温める。約30℃になったら火からおろしてミキサーにセットする。

4

まず高速で5分間撹拌し、ふっくらと泡立ったら、中速で3分間、その後低速で3分間まわして、徐々にきめをととのえていく。

5

フードプロセッサーにローマジパンを細かくちぎって入れ、全卵Bを少量ずつ、数回に分けて加え、そのつど撹拌してなめらかな状態にする。

6

4をボウルに移し、**5**を加えてゴムベラでよく混ぜる。

7

合わせてふるっておいた薄力粉とカカオパウダーを加え、粉けがなくなるまでよく混ぜる。

8

約60℃の溶かしバターをゴムベラで受けながら、全体にちらすようにして加え、むらなく混ぜ合わせる。

9

オーブンペーパーを敷いた天板に**8**を流し入れ、カードで表面をならし、上火・下火ともに170℃の平窯で約40分間焼成する。

Biscuit Sacher

ビスキュイ・サッシェ

サッシェとは「ザッハ」のフランス語読み。湯煎にかけて溶かしたチョコレートを混ぜ込んだ生地は、チョコレートの風味が強く、どっしりとした濃厚な味わいが特徴だ。メレンゲは2回に分けて加える。最初のメレンゲは、生地をゆるめて混ぜやすくするためのものなので、多少泡が消えても大丈夫。2回目は泡を消さないように、切るようにして混ぜる。

材料（基本配合・37cm×27cmのカードル2台分）

メレンゲ《meringue française》
　グラニュー糖《sucre semoule》…228g
　卵白《blancs d'œufs》…337g
ブラックチョコレート
（オペラ「レガート」・カカオ分57％）
《chocolat noir 57% de cacao》
…382g

生クリーム（乳脂肪分35％）
《crème fleurette 35% MG》…154g
発酵バター《beurre》…77g
卵黄《jaunes d'œufs》…382g
薄力粉《farine de blé tendre》…67g
カカオパウダー
《cacao en poudre》…114g

つくり方

1

メレンゲをつくる（つくり方は34頁参照）。ここではツノがピンと立つほど固く泡立てなくてよい。目安は全体がきれいにまとまり、ホイッパーですくい上げるとツノの先がしなる程度。

2

メレンゲを泡立てている間に、チョコレートをきざんでボウルに入れ、湯煎にかけて溶かす。

3

2の作業と並行して、生クリームとバターを鍋に入れて火にかけ、バターを溶かしつつ50〜60℃まで温める。

4

別のボウルに卵黄を入れ、底を軽く直火にあて、泡立て器で混ぜながら約30℃まで温める。

5

2のチョコレートが溶けたら、湯煎にかけたまま、**4**の温めた卵黄を加えて泡立て器でざっと混ぜ、**3**のバターを溶かし合わせた生クリームを加えてむらなく混ぜ合わせる。この混ぜ終わりとメレンゲが完成するタイミングがほぼ同じになるのが理想。

6

5のボウルに**1**のメレンゲの半量を加え、ゴムベラで全体をすくい返すようにしながら混ぜる。

7

薄力粉、カカオパウダーを合わせてふるっておいたものを**6**に加え、ボウルをまわしながら、ゴムベラで切るようにして混ぜる。

8

残りのメレンゲを加え、同様にゴムベラで切るようにして混ぜる。メレンゲは合わせる直前にハンドホイップし、きめを均一にととのえてから使用する。

9

オーブンペーパーを敷いた天板にカードルをのせて**8**を流し入れ、カードで表面をならし、上火・下火ともに175℃の平窯で約30分間焼成する。

Pâte feuilletée

パート・フイユテ

生地の薄く重なり合った層は、バターとデトランプ（バターを包む生地）を何度も折りたたむことで生まれるが、のばしたり折ったりするうちにバターはやわらかくなり、デトランプはグルテンの働きで固くなる。ユウジアジキでは、バターを包んだらひと晩ねかせ、折り込み（3つ折り6回）に3日をかけ、生地にストレスをかけないように仕込んでいる。

材料（1パトン*分）

強力粉《farine de blé dur》…1000g
発酵バター《beurre》…100g
牛乳《lait》…225g
水《eau》…250g
グラニュー糖《sucre semoule》…20g
塩《sel》…22g
発酵バター（折り込み用）《beurre pour tourage》…800g

＊ 1パトンは800gの折り込み用バターを使ってつくる生地分量。1パトンで約60cm×40cm、厚さ2mmの生地が4枚とれる。

つくり方

1

あらかじめ計量してビニール袋に入れて冷蔵庫で冷やしておいた強力粉と、同じく冷蔵庫で冷やしておいたバターを手ですり合わせる（サブラージュ）。この時、ビニール袋の中でサブラージュすると、粉がちらばらず、作業台も汚れずにすむ。

2

ボウルに牛乳、水を入れ、グラニュー糖、塩を加えてよく混ぜる。**1**を作業台にとり出し、中央をあけ、周囲に壁をつくるように泉状（フォンテーヌ）に広げる。ボウルの中の液体を中央に注ぎ、周囲の粉とバターを少しずつとり込みながら、液体と合わせていく。

3

余分なグルテンができないよう、手ばやく混ぜ合わせる。ある程度液体と粉とバターを合わせたら、カードを使って切るようにして混ぜる。さらに両手にとってすり合わせるようにして、均等に粉とバターに液体をなじませ、生地をまとめていく。

4

生地をひとつにまとめ、作業台に押しつけるようにしてもみ込んでいく。生地は練らずに、上から押さえつけるイメージで。仕上がりは、指で押すと押し返してくるような張りがある。

5

生地に十字の切り込みを入れてビニール袋で包み、冷蔵庫に入れて丸1日ねかせる。

6

冷やしておいたバター（中心温度5.5℃が適当）をOPPフィルムで包み、麺棒でたたいてのばす。のばしたら折りたたみ、再度たたいてのばすことをくり返してバターの固さを均等にしながら、正方形にととのえる。

7

ひと晩ねかせた生地を切り込みに沿って四方に広げ、正方形にのばす。その上に**6**を角をずらしてのせる。バターが重なっていない部分を、それぞれ麺棒でバターと同じくらいの大きさの正方形にのばし、バターの上に折り重ねる。冷蔵庫で30分～1時間やすませる。

8

7をリバースシーターに数回通して厚さ6mmにのばす。左右から均等に折りたたんで3つ折りにし、ビニール袋で包んで冷蔵庫でひと晩ねかせる。

9

翌朝、生地を冷蔵庫からとり出し、90度向きを変えてリバースシーターに通し、**8**と同様に3つ折りにする。折り込みは、3つ折り計6回。生地は折るたびに充分やすませる必要があるため、ユウジアジキでは朝と夕方の1日2回、3日間かけて折り込み作業を行う。

Crème pâtissière

クレーム・パティシエール

菓子づくりには欠かせないクレーム・パティシエールは、そのまま使ったり、生クリームやバタークリームに混ぜたりと、応用範囲の広いクリームだ。ここで紹介しているのは、バニラの風味豊かな、ユウジアジキの"基本のクレーム・パティシエール"。これ以外にも、つくり方は同じだが配合を変え、卵の香りを前面に出したタイプも仕込んでいる(64頁参照)。

材料（基本配合・つくりやすい分量）

バニラビーンズ
《gousse de vanille》…1本
生クリーム（乳脂肪分40%）
《crème fraîche 40% MG》…100g
牛乳《lait》…900g
グラニュー糖《sucre semoule》
…200g
卵黄《jaunes d'œufs》…300g
薄力粉《farine de blé tendre》…30g
米粉《farine de riz》…30g
発酵バター《beurre》…50g

つくり方

1

バニラビーンズは、さやを縦にさいてペティナイフで種をしごき出し、さやと種を生クリームに6時間ほど浸けておく。銅ボウルに牛乳、グラニュー糖の3分の1量、生クリームとバニラビーンズを入れ、火にかける。

2

別のボウルに卵黄と残りのグラニュー糖を入れ、泡立て器ですり混ぜる。

3

2が白っぽくなったら、合わせてふるった薄力粉と米粉を加える。粉けがなくなり、全体がなめらかな状態になるまで混ぜる。

4

1が沸騰したらバニラのさやをとり除き、半量程度を3に加えて混ぜ合わせ、ふたたび銅ボウルに戻す。

5

4を強火にかけ、泡立て器で勢いよくかき混ぜながらとろみをつける。とくに最初のうちは焦げやすいので、鍋底をこするようにして、手をやすませずによく混ぜる。

6

徐々に粘りが出て生地が重くなり、底から表面に空気がぬけてボコボコッと音がしはじめる。そのまま混ぜ続けると、コシがぬけたかのように、混ぜている手が軽くなる。ここまでくればほぼ完成。全体がなめらかな状態になり、つやが出てきたら火からおろす。

7

6にバターを加えて、手ばやく混ぜ合わせる。

8

7を漉し器で漉しながらボウルに移す。

9

ボウルの底を氷水にあて、温度を一気に10℃以下まで下げる。バットに移して上にラップフィルムをぴったりとかぶせ、粗熱がとれたら冷蔵庫に入れてひと晩ねかせる。

Crème anglaise

....

クレーム・アングレーズ

牛乳や生クリーム、砂糖を混ぜて火にかけて沸かし、卵黄を加えてこくを出したクレーム・アングレーズは、ムースやムースの中に仕込むクリームなどのベースになる。ユウジアジキでは、牛乳に紅茶や抹茶、ハーブの風味を移して、さまざまな商品をつくり出している。ムースに使う場合は、ゼラチンを加え、完全に溶かしてから冷やす。

材料（基本配合・つくりやすい分量）

牛乳《lait》…275g
生クリームA（乳脂肪分45%）
《crème fraîche 45% MG》…60g
グラニュー糖《sucre semoule》…30g
卵黄(加糖20%)《jaunes d'œufs》…112g
生クリームB（乳脂肪分45%）《crème fraîche 45% MG》…180g

つくり方

1

鍋に牛乳、生クリームA、グラニュー糖を入れて中火にかける。

2

卵黄をボウルに入れてときほぐす。**1**の牛乳が沸いたら卵黄のボウルに3分の1量ほど加え、軽く混ぜてから鍋に戻す。

3

鍋をふたたび火にかけ、木ベラで混ぜながら80〜82℃（卵が凝固しない程度の温度）まで加熱する。炊き上がりは適度なとろみがついた状態で、木ベラを指でなぞると筋が残る。

4

鍋を火からおろしたら、卵が余熱で煮えてしまわないよう、鍋底をまず流水に浸けて温度を下げる。70℃以下になればほぼ大丈夫だが、鍋の中の温度にもむらがあるので、55℃くらいまですばやく下げるようにする。

5

鍋底を氷水に浸け、30℃まで温度を下げる。温度を下げる時は、まず鍋底を流水にあてて粗熱をとり、その後氷水にあてるのが安食流。

6

生クリームBを加え混ぜ、ストレーナーで漉しながらボウルに移して冷蔵庫で冷やす。ユウジアジキではクレーム・アングレーズを多用するため、まとめて仕込んで冷蔵庫で保管している。

Crème d'amandes

クレーム・ダマンド

タルト生地に詰めるクレーム・ダマンド（アーモンドクリーム）は、バター、粉糖、全卵、アーモンドパウダーがほぼ4同割。バニラを加えて風味高く仕上げている。仕込んだら冷蔵庫でひと晩ねかせて材料をなじませ、アーモンドの旨みを引き出す。使用する前にかならず室温に戻し、木ベラで軽く練って扱いやすい固さにすること。

材料（基本配合・つくりやすい分量）

発酵バター《beurre》…300g
粉糖《sucre glace》…300g
全卵《œufs entiers》…260g
バニラビーンズ《gousse de vanille》…1/4本
アーモンドパウダー《amandes en poudre》…300g

つくり方

1

バターを室温に戻し、様子を見ながら軽く電子レンジで温め、扱いやすい固さにする。指で軽く押してあとがつくくらいがベスト。ボウルに入れ、マヨネーズ状になるまで泡立て器で練り混ぜる。

2

粉糖を加えて、泡立て器ですり混ぜる。

3

別のボウルに全卵を入れ、バニラビーンズの種を加えて泡立て器で混ぜ、**2**のボウルに数回に分けて加える。バターに対して卵の量が多いため、卵は少しずつ加えてそのつどしっかり混ぜる。

4

3にアーモンドパウダーを加える。

5

ゴムベラで切るようにして混ぜる。

6

粉けがなくなったら、ラップフィルムをかけて冷蔵庫でひと晩ねかせる。ねかせることで全体がしっかりなじむとともに、余分な空気がぬけてねっとりと仕上がる。使用する際は室温に戻し、軽く練って扱いやすい固さにする。

Meringue française

メレンゲ

卵白に砂糖を加えて泡立てたメレンゲは、生地の膨らみを助け、ムースの口あたりをなめらかにする。砂糖は水分を吸収して気泡を安定させる働きがあるが、その反面泡立ちを悪くするので、数回に分けて加えること。低い糖分でしっかりとしたメレンゲをつくる場合は、砂糖と合わせた卵白を冷凍し、解凍してから泡立てるとよい。

材料（分量は各菓子の頁を参照）

グラニュー糖《sucre semoule》　　乾燥卵白《blancs d'œufs séchés》　　卵白《blancs d'œufs》

つくり方

1

グラニュー糖の半量と乾燥卵白をボウルに入れ、泡立て器で軽く混ぜ合わせてから、卵白が入ったミキサーボウルに加えてミキサーにセットし、高速で泡立てる。

2

全体がふんわりと泡立ってきたら中速に落とし、残りのグラニュー糖の半量を加えて撹拌する。卵白を泡立てる際は、むらができないよう、様子を見ながらミキサーを止め、ボウルの側面についた卵白をゴムベラで下に落とす。

3

残りのグラニュー糖を加える。そのまま中速で、ツノがしっかりと立ち、きめ細かく、安定したメレンゲになるまで泡立てる。

砂糖の量を少なくしたい時には

1

グラニュー糖と乾燥卵白をボウルに入れ、泡立て器でよく混ぜ合わせる。卵白の分量のうち、まず少量を加えてなじませるように合わせてから、残りの卵白を数回に分けて加え、そのつど泡立て器でよく混ぜる。

2

1をビニール袋などに入れて冷凍する。使用する前に冷蔵庫に移し、ゆっくりと自然解凍する。

3

2をミキサーボウルに入れ、高速、中速の順で撹拌する。仕上がりはつやがあり、きめが安定していてしなやか。ボウルに移して泡立て器を使ってハンドホイップし、全体をきめ細かな均一な状態にととのえる。

Meringue italienne

イタリアン・メレンゲ

卵白を泡立てながら、卵白の倍量に近い砂糖に水を加えて煮詰めたシロップを加えてつくるイタリアン・メレンゲは、光沢があり、適度な粘りと弾力がある。クレーム・シブスト（74頁参照）のように、食感を軽くするためにクリームに混ぜるほか、保形性がよくこんもりとした状態に成形できるので、デコレーションパーツとしても活用する。

材料（分量は各菓子の頁を参照）

グラニュー糖《sucre semoule》　　水《eau》　　卵白《blancs d'œufs》

つくり方

1

鍋にグラニュー糖と水を入れて火にかけ、115〜118℃まで加熱してシロップをつくる。

2

ミキサーボウルに卵白を入れてミキサーにセットし、高速で撹拌する。

3

卵白がある程度泡立ったら、ボウルの縁からシロップを一定の速度で注ぎ入れる。中速にして、しっかりとしたメレンゲになるまでさらに撹拌する。仕上がりはつややかで固く締まり、すくい上げるとピンとツノが立つ。

Praline aux noisettes

ヘーゼルナッツのプラリーヌ

1時間以上かけてナッツと砂糖をからめながら、弱火でゆっくりと火を入れる自家製プラリーヌ。燻製のように、ナッツをローストした香りを糖液に移し、香り高い糖液を一層、また一層とナッツにまとわせていく。こうばしいプラリーヌは、ペーストにしたり、くだいたり、ホールのままでも使用。食感と味わいのアクセントになっている。

材料（基本配合・つくりやすい分量）

グラニュー糖《sucre semoule》…420g
水《eau》…100g
ヘーゼルナッツ《noisettes》…700g

つくり方

1

銅ボウルにグラニュー糖と水を入れ、115〜118℃まで煮詰めてシロップをつくり、ヘーゼルナッツを加える。ヘーゼルナッツは、あらかじめ180℃の平窯で30〜40分間火を通しておく。

2

最初の2〜3分間は、ひと粒ひと粒にまんべんなく糖液がからむように、木ベラでよくかき混ぜる。火力は終始弱火。透明だったシロップは、徐々に水分が飛んで砂糖が結晶化してくる。

3

ゆっくりかき混ぜながら、少しずつ茶色く色づけていく。30〜35分経つと、うっすら黄土色に色づきはじめる。

4

砂糖の白い粒がなくなり、全体がキャラメル化するまでさらに混ぜる。ナッツがダークブラウンのキャラメルでコーティングされ、ヘラで持ち上げるとタラーッとキャラメルが落ちる状態になったら、火からおろす。

5

混ぜはじめてから火からおろすまで約1時間10分。シルパットに重ならないように広げ、熱いうちにざっくりとひと粒ずつにバラしておく。

6

仕上がりは、中心部までしっかり焦げ茶に色づき、キャラメルの風味以上にナッツのこうばしさが広がる。冷めるとまわりのキャラメルが固まって、カリッとした食感に。

Compote de fruits rouges

コンポート・フリュイ・ルージュ

赤いフルーツの自家製コンポートは、果肉をムースにしのばせたり、そのシロップを生地にぬったり、ひと味プラスしたい時や味にメリハリをつけたい時に役立つ。つくり方は、冷凍のベリーに砂糖をまぶして離水させ、レモン果汁を加えて煮立たせるだけだが、水分はすべてフルーツから出たものなので、フレッシュ感が凝縮されている。

材料（基本配合・つくりやすい分量）

イチゴ・センガセンガナ種（冷凍）
《fraises surgelées・senga sengana》…1000g
フランボワーズ（冷凍）《framboises surgelées》…500g
フレーズ・デ・ボワ（冷凍）《fraises des bois surgelées》…500g
グラニュー糖《sucre semoule》…600g
レモン果汁《jus de citron》…80g
板ゼラチン《feuilles de gélatine》…10g

つくり方

1

ボウルに冷凍のイチゴ（センガセンガナ種）、フランボワーズ、フレーズ・デ・ボワを入れ、グラニュー糖をまぶして半日ほど室温におく。

2

5時間後。果実から水分が出た状態。

3

漉し器で果肉と汁を分ける。

4

汁を鍋に入れて火にかけ、レモン果汁を加えてひと煮立ちさせる。

5

沸いたところで果肉を入れ、ひと煮立ちさせる。

6

5をボウルに移し、水（材料外）で戻した板ゼラチンを溶かし混ぜる。ボウルの底を氷水にあて、ゴムベラで混ぜながら15℃以下に冷やしたら、容器に入れて冷蔵庫で保存する。

SHOWCASE

......

プチガトーのショーケース

for "Petits Gâteaux"
[プチガトー用ショーケース]

ショートケーキやシュークリームなどのなじみのある菓子や、旬のフルーツを
たっぷりとのせたタルト、ユニークな形状のオリジナル菓子など、特注のショー
ケースに並ぶプチガトーは約30品。サントノレやシブストなどのクラシック
な菓子は、くずしすぎない程度にオリジナリティを加えるのが安食流。

CHAPTER

②

standard

ユウジアジキの定番菓子

オーソドックスなケーキも、オリジナリティを加えて安食スタイルに。
ノスタルジックなおいしさを大切にしながらも、素材を吟味し、
つくりたてにこだわり、モダンなデザインに仕上げることで、
ユウジアジキならではの商品に仕立てています。

ベーシックは
おいしい♡

Fraise

....

フレーズ

この業界に入った当初から、家族の誕生日など安食シェフがプライベートでプレゼントする際に一貫してつくってきたのがショートケーキ。それだけにこだわりもひとしお。定番だが、自分の味を確立するために研究を重ね、いまもなお「つくるたびに課題が残る奥の深いケーキ」と言う。一般的なパータ・ジェノワーズの基本配合は、全卵100に対してグラニュー糖50％だが、ここでは全卵90％＋卵黄10％、グラニュー糖69％。素材の特性などを考慮しつつ長年かけて生み出した安食式黄金律だが、これをベストの状態で形にするために、素材の合わせ方や混ぜる速度、時間など配合以外の部分もこと細かに管理。とくに仕上がりを左右するミキシングと温度管理には細心の注意をはらっている。

材料（直径18cmと15cmの丸型各1台分）

パータ・ジェノワーズ
Pâte à génoise

全卵《œufs entiers》…270g
卵黄《jaunes d'œufs》…30g
グラニュー糖《sucre semoule》…207g
薄力粉《farine de blé tendre》…150g
溶かしバター《beurre fondu》…60g

クレーム・パティシエール
Crème pâtissière

バニラビーンズ《gousse de vanille》…1/5本
生クリーム（乳脂肪分40%）
《crème fraîche 40% MG》…20g
牛乳《lait》…180g
グラニュー糖《sucre semoule》…40g
卵黄《jaunes d'œufs》…60g
薄力粉《farine de blé tendre》…6g
米粉《farine de riz》…6g
発酵バター《beurre》…10g

組立て・仕上げ
Montage, Décoration

クレーム・シャンティイ《crème chantilly》
…下記分量でつくり、適量を使用
　生クリームA（乳脂肪分36%）
　《crème fleurette 36% MG》…300g
　生クリームB（乳脂肪分42%）
　《crème fraîche 42% MG》…300g
　グラニュー糖《sucre semoule》…60g
クレーム・ディプロマット《crème diplomate》
　クレーム・シャンティイ《crème chantilly》…40g
　クレーム・パティシエール《crème pâtissière》…40g
イチゴ《fraises》…2パック分
粉糖《sucre glace》…適量Q.S

つくり方

パータ・ジェノワーズ
Pâte à génoise

❶ 生地のつくり方は16頁参照。丸型の底と側面にオーブンペーパーを敷き、8分目くらいの高さまで生地を流し入れ、型を持ち上げて底をトントンと2～3回作業台に打ちつけてから平窯に入れる。
❷ 上火180℃・下火170℃の平窯で、5号サイズ（直径15cm）は約25分、6号サイズ（直径18cm）は約27分間焼成する。
❸ 平窯からとり出したら、高さ20cmくらいの位置から落として勢いよく底を打ちつけ、すぐに返して、表面を下に向けて木製のばんじゅうに生地をとり出す。
❹ 30秒ほどしたら上下を返し、紙のついた面を底にする。オーブンから出した瞬間は型から盛り上がっていた表面が落ち着き、ほぼ平らになっている。この状態でしばらくやすませ、粗熱をとる。
❺ 生地が中まで冷めたら、紙をはずし、上下を返して底の焼き色がついた部分を1cmほど落とす。
❻ ⑤の断面を下に向けて残りの生地をスライスする。下から厚さ1.5cmを2枚、厚さ1cmを1枚とり、残りはよけておく。

クレーム・パティシエール
Crème pâtissière

つくり方は30頁参照。前日に仕込み、冷蔵庫に入れてひと晩ねかせておく。

組立て・仕上げ
Montage, Décoration

❶ クレーム・シャンティイをつくる。生クリーム2種類とグラニュー糖をミキサーボウルに入れて、低速で6〜7分立てにする。立て終わった時点でのクレーム・シャンティイの温度は10〜14℃。いったん冷蔵庫に入れて5〜6℃まで冷やす。冷やしたクレーム・シャンティイのうち40gをとり出し、別のボウルに入れ、氷水にあてながら泡立て器で分離寸前まで泡立てる。

❷ ひと晩ねかせたクレーム・パティシエールを冷蔵庫からとり出してボウルに入れ、扱いやすい固さになるまでヘラで軽く練る。そのうち40gを①のクレーム・シャンティイと合わせ、クレーム・ディプロマットをつくる。

❸ 底の生地となる厚さ1.5cmのパータ・ジェノワーズに、②のクレーム・ディプロマットをパレットナイフで5〜6mmの厚さにぬる。6号サイズでクレーム・ディプロマット40g、5号サイズで35gほど。

❹ ③の上に厚さ1cmのパータ・ジェノワーズをかぶせる。

❺ イチゴの準備をする。サンド用のイチゴはヘタを切り落として半割りにする。

❻ ①のクレーム・シャンティイを冷蔵庫からとり出し、サンド用2、ナッペ用3の割合で分ける。ナッペ用は冷蔵庫に戻し、サンド用は氷水にあてながら9分立てに。④の上に、サンド用のクレーム・シャンティイをパレットナイフで5〜6mmの厚さにぬり広げる。

❼ サンド用のイチゴを⑥の上に並べる。ヘタを落とした部分を外側に向け、断面を下にして外側から内側に向かって並べる。

❽ ⑦の上にサンド用のクレーム・シャンティイをのせ、パレットナイフでイチゴが充分にかくれるようにぬってから、表面を平らにならす。クレーム・シャンティイの厚みは2cm弱。

❾ 厚さ1.5cmのパータ・ジェノワーズをかぶせ、軽く押して安定させ、側面にはみ出たクリームを平らにととのえる。パレットナイフを縦に持ち、側面に沿わせてぐるっと1周させ、はみ出たぶんをならしつつ、側面の生地の下ぬりをする。

❿ ナッペ用に残しておいたクレーム・シャンティイを冷蔵庫からとり出し、氷水にあてながら泡立て器で7〜8分立てにする。⑨を回転台にのせ、上にナッペ用のクレーム・シャンティイの3分の2量程度をのせて、中心から外に向かってぬり広げていく。側面に落ちたぶんはパレットナイフを縦にして側面にあて、回転台をまわしながら均一にのばす。必要に応じてクリームを足しつつ、上面、側面ともに平らにととのえる。ぬり終わりは、上面、側面ともに、クリームの厚みが6〜7mmになる。茶漉しを使って表面に粉糖をふり、口径1.2cmの星口金でクレーム・シャンティイを絞って、イチゴをのせる。

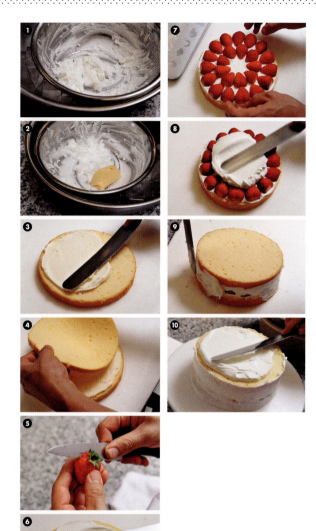

Tropical Shortcake
[トロピカルショートケーキ]

完熟マンゴーとゴールデンキウイ、バナナを挟んだ夏季限定のショートケーキ。使用するフルーツ以外は「フレーズ」(41頁参照)と同じ構成で、軽やかなパータ・ジェノワーズとクレーム・シャンティイをメインに、さりげなく一層だけクレーム・ディプロマットを挟んでいる。洋菓子店の人気アイテムは、イチゴのない季節でもフルーツを変えて通年提供。

Pêche
[モモのショートケーキ]

みずみずしいフレッシュのモモをクレーム・シャンティイとともにサンド。モモの繊細な甘みと芳醇な香りを堪能できる夏のショートケーキだ。上面にぬったクレーム・シャンティイは、モモをイメージして淡いピンク色に。このほかにもレモン果汁入りクレーム・パティシエールと生クリームを重ねた「レモンのショートケーキ」など、多彩なバリエーションで展開。

Fromage Cru

....

フロマージュ・クリュ

独立開業する前、「デフェール」でシェフパティシエを務めていた時からつくり続け、改良をくり返しながら育ててきたスペシャリテ。安食シェフのケーキのなかでも、ショートケーキと並び、もっとも幅広い層から支持され、もっとも長く愛し続けられている商品だ。現在は完全なるオリジナルだが、もとをたどれば、安食シェフが最初に勤めた「ら・利す帆ん」で出合ったものの発展形だという。ベースのチーズは、さまざまな組合せのなかから、酸味やこく、食感、乳風味などを考慮して選んだ「ブコ」と「キリ」、そしてサワークリームもブレンド。生クリームは乳脂肪分45％のものを使い、ミキサーでチーズと合わせる時には混ぜむらができないよう、ゆっくりと低速で撹拌し、ねっとりと均一な仕上がりに。

材料（できあがり量は各パーツごとに記載）

ビスキュイ・ジョコンド
Biscuit Joconde

（37cm×8cmのカードル3.5台分）
粉糖《sucre glace》…48g
アーモンドパウダー《amandes en poudre》…96g
ローマジパン《pâte d'amandes crue》…25g
全卵《œufs entiers》…80g
卵黄《jaunes d'œufs》…50g
メレンゲ《meringue française》
├ 卵白《blancs d'œufs》…177g
├ 乾燥卵白《blancs d'œufs séchés》…3.5g
└ グラニュー糖《sucre semoule》…91g
溶かしバター《beurre fondu》…30g

パート・シュクレ・オー・ザマンド
Pâte sucrée aux amandes

→18頁参照。

チーズクリーム
Crème au fromage

（37cm×8cmのカードル1台分）
クリームチーズA（デンマーク産「ブコ」）
《fromage à la crème Buko》…237g
クリームチーズB（フランス産「キリ」）
《fromage à la crème Kiri》…88g
サワークリーム《crème aigre》…20g
練乳（無糖）《lait concentré non sucré》…29g
グラニュー糖《sucre semoule》…45g
生クリーム（乳脂肪分45%）
《crème fraîche 45% MG》…280g

レモンクリーム
Crème au citron

（37cm×8cmのカードル5台分）
全卵《œufs entiers》…115g
レモン果汁《jus de citron》…50g
パッションフルーツのピュレ《purée de fruit de la passion》…7g
レモンの皮《zestes de citrons》…1.5個分
グラニュー糖《sucre semoule》…67g
発酵バター《beurre》…60g

組立て・仕上げ
Montage, Décoration

クレーム・シャンティイ《crème chantilly》＊…適量Q.S

＊クレーム・シャンティイは、乳脂肪分42%と35%の生クリームを同割で合わせ、10%量のグラニュー糖を加えて6分立てまで泡立てる。

チーズクリームの材料。クリームチーズは、こくと味の濃さで選んだ「ブコ」と、なめらかさが特徴の「キリ」の2種類を使用する。

レモンクリームの材料。レモンの酸味をきかせたクリームを土台のパート・シュクレにぬって、全体の味を引き締める。

つくり方

ビスキュイ・ジョコンド
Biscuit Joconde

生地のつくり方は22頁参照。厚さ1.5cmにスライスし、37cm×8cmのカードルに合わせて、包丁で切る。

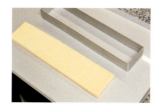

パート・シュクレ・オー・ザマンド
Pâte sucrée aux amandes

生地のつくり方は18頁参照。ひと晩ねかせた生地を厚さ3.5mmにのばし、37cm×8cmのカードルをはめて天板にのせ、150℃のコンベクションオーブンに入れる。ダンパーを開けてまず15分間焼成。天板の前後を入れ替えて7〜8分間焼き、全体に焼き色がついたら型をはずして2〜3分間焼く。ドリュール（材料外。卵黄に適量の水を混ぜたもの）をぬって、さらに5〜6分間焼く。

チーズクリーム
Crème au fromage

❶ ミキサーボウルに2種類のクリームチーズとサワークリームを入れ、ミキサーにセットし、クリームチーズがやわらかくなるまでビーターで練る。生地がだれないようにミキサーボウルやビーターは事前に冷やしておく。
❷ ボウルに練乳とグラニュー糖を入れ、泡立て器で混ぜる。ミキサーを止め、ボウルの側面についた生地を落とし、グラニュー糖を混ぜた練乳を加え、さらに混ぜる。
❸ 生クリームを加え、さらに撹拌する。なるべく空気が入らないように低速でじっくり混ぜ、むらのない、なめらかな生地をつくる。
❹ ミキサーボウルをミキサーからはずし、泡立て器で混ぜ、好みの固さに調整する。

レモンクリーム
Crème au citron

❶ 鍋に全卵、レモン果汁、パッションフルーツのピュレを入れ、レモンの皮を削り入れる。
❷ 泡立て器で軽く混ぜてからグラニュー糖を加え、弱火にかける。泡立て器で終始かき混ぜ、卵に火を通してとろみのある状態に。
❸ 火からおろしてバターを加え、よく混ぜる。
❹ ③をストレーナーで漉しながらボウルに移し、ひと晩冷蔵庫でねかせる。

組立て・仕上げ
Montage, Décoration

❶ 37cm×8cmのカードルにビスキュイ・ジョコンドをはめ、その上にチーズクリームを重ねる。カードと接する部分に隙間ができないように絞り袋に入れて絞る。
❷ カードを使って型いっぱいにチーズクリームを詰める。
❸ パレットナイフで表面をならし、冷蔵庫に入れて約2時間やすませる。
❹ パート・シュクレ・オー・ザマンドを、カードルのサイズに合わせて用意した板の上に、焼き目を上にしてのせる。
❺ パート・シュクレ・オー・ザマンドにパレットナイフでレモンクリームをぬる。
❻ ③を冷蔵庫からとり出し、6分立てのクレーム・シャンティを上面に薄くぬり広げる。
❼ ⑤の上に⑥をのせて、型の側面をガスバーナーの火で軽く温め、型をはずす。型の幅よりも直径が小さく、かつ4cm（カードルの高さ）以上の高さのセルクルを並べ、その上に底に敷いた板ごとのせておくと、型をはずしやすい。
❽ 幅2.7cmにカットする。

Primtemps

....

プランタン

同店のロングセラー「フロマージュ・クリュ」(46頁参照)の姉妹品で、「春」という名の「プランタン」は、イチゴ、ブルーベリー、フランボワーズをたっぷり使った華やかなタルト。上のチーズクリームは、フルーツとのバランスを考え、生クリームをやや多めに加えて、フロマージュ・クリュよりも軽めの口あたりに仕上げた。間にはフレッシュのベリー類に加え、3種類のベリー(センガセンガナ種のイチゴ、フレーズ・デ・ボワ、フランボワーズ)を使ったコンポートもかくれている。生のイチゴを焼き込んだ底のタルトも含め、さまざまな形でベリーのおいしさを楽しませてくれる。ほかに同じデザインで、フレッシュマンゴーとマンゴーのクリームをしのばせた「エテ(夏)」や、「イヴェール(冬)」(50頁参照)もある。

材料（直径6cmのミラソン型10個分）

パート・シュクレ・オー・ザマンド
Pâte sucrée aux amandes

→18頁参照。

クレーム・フランジパーヌ
Crème frangipane

（下記分量でつくり、1個につき18gを使用）
クレーム・ダマンド《crème d'amandes》*1…200g
クレーム・パティシエール《crème pâtissière》*2…100g

*1 クレーム・ダマンドの材料・つくり方は33頁参照。
*2 クレーム・パティシエールの材料・つくり方は30頁参照。

チーズクリーム
Crème au fromage

クリームチーズA（デンマーク産「ブコ」）《fromage à la crème Buko》…130g
クリームチーズB（フランス産「キリ」）《fromage à la crème Kiri》…50g
サワークリーム《crème aigre》…15g
グラニュー糖《sucre semoule》…25g
練乳（無糖）《lait concentré non sucré》…24g
生クリーム（乳脂肪分45%）《crème fraîche 45% MG》…190g

組立て・仕上げ
Montage, Décoration

イチゴ《fraises》…8粒
コンポート・フリュイ・ルージュのシロップ
《sirop de compote de fruits rouges》*3…適量Q.S
パータ・グラッセ・ブラン《pâte à glacer blanche》…適量Q.S
キルシュ《kirsch》…2.5g
クレーム・パティシエール*2《crème pâtissière》…40g
フランボワーズ《framboises》…10粒
コンポート・フリュイ・ルージュ
《compote de fruits rouges》*3…100g（1個につき10g）
ブルーベリー《myrtilles》…20粒
寒天液《agar-agar》…適量Q.S
板状ホワイトチョコレート《palets de chocolat blanc》…10枚

*3 コンポート・フリュイ・ルージュの材料・つくり方は37頁参照。

Hiver
イヴェール

土台は、パート・シュクレ・オー・ザマンドにクレーム・フランジパーヌを流して焼き上げたタルト。その上は、中心にリンゴのコンポート、まわりは芳醇なマデラ酒風味のリンゴのソテー。このリンゴのソテーは、中までマデラ酒がしみ込んでとろりとしたつやをまとうまで、ソテーとフランベを4回くり返したもの。「プランタン」と同じくチーズクリームをあしらった冬の一品。

つくり方

パート・シュクレ・オー・ザマンド
Pâte sucrée aux amandes

生地のつくり方は18頁参照。ひと晩ねかせた生地を、厚さ2mmにのばし、直径6cmのミラソン型に敷き込む。

クレーム・フランジパーヌ
Crème frangipane

クレーム・ダマンド（33頁参照）とクレーム・パティシエール（30頁参照）を2対1の割合で合わせる。

チーズクリーム
Crème au fromage

❶ ミキサーボウルに2種類のクリームチーズとサワークリームを入れ、ミキサーにセットし、クリームチーズがやわらかくなるまでビーターで練る。生地がだれないようにミキサーボウルやビーターは事前に冷やしておく。
❷ ミキサーを止め、ボウルの側面についた生地を落とし、グラニュー糖を混ぜた練乳を加え、さらに混ぜる。
❸ 生クリームを加え、なるべく空気が入らないように低速でじっくり混ぜる。むらのない、なめらかな状態に。
❹ ミキサーボウルをミキサーからはずし、泡立て器で混ぜ、きめをととのえる。

組立て・仕上げ
Montage, Décoration

❶ パート・シュクレ・オー・ザマンドを敷き込んだ型を天板にのせ、クレーム・フランジパーヌを18gずつ絞り入れる。
❷ ヘタを落として縦4分の1にカットしたイチゴを①の上にのせる。
❸ 上火154℃・下火140℃の平窯で約50分間焼成する。焼きはじめてから30分ほどでフランジパーヌが浮いてくるので、型ごと軽く天板にたたきつけ、底までしっかり火が入るようにする。
❹ 焼き上がったら、タルトの表面に刷毛でコンポート・フリュイ・ルージュのシロップをぬる。
❺ ボウルに入れたパータ・グラッセ・ブランにタルトの底と側面を浸け、バットに置いて乾かす。
❻ キルシュを混ぜたクレーム・パティシエールを、口径7mmの丸口金をつけた絞り袋に入れ、タルトの縁に円を描くようにして絞る。
❼ フルーツを盛り込む。イチゴはヘタを落として縦に4等分し、そのうちの2つをクレーム・パティシエールの上に対角線上に置く。その間に、2つに割ったフランボワーズをのせる。
❽ 真ん中にコンポート・フリュイ・ルージュを盛り込み、さらにブルーベリーを2粒、2等分して断面を見せるようにしてのせ、色みのアクセントに。刷毛で寒天液をぬって、つやを出しつつ保形性を高める。
❾ 口径1.5cmの丸口金をつけた絞り袋にチーズクリームを入れ、⑧の上に絞る。
❿ 仕上げに、円形にぬいた板状のホワイトチョコレートを飾る。

Tarte au Fromage et aux Fruits

ベイクドチーズと
果実のタルトのマリアージュ

上はソーテルヌ風味のベイクドチーズケーキ、下はフレッシュマンゴーをたっぷりと焼き込んだタルト。定番のベイクドチーズにみずみずしい果実とクレーム・ダマンド、サクサクのパート・シュクレを組み合わせた、2層仕立てのチーズケーキだ。ここで使っているマンゴーは、豊かな風味と濃厚な甘みをもつ宮崎県産。上下のクリームにバランスよく調和するやわらかな食感も特徴だ。チーズクリームは、「カスタードクリームにチーズとメレンゲを合わせるイメージ」（安食シェフ）。ただし卵黄を入れて炊き上げるのではなく、牛乳にコーンスターチを加えて糊状に炊いてから、クリームチーズを合わせ、ここに卵黄やメレンゲを合わせていく。生地を浮かせないように低めの温度で焼くのもポイントだ。

材料（直径15cm、高さ2cm＋4cmのセルクル2台分）

パート・シュクレ・オー・ザマンド
Pâte sucrée aux amandes
（15〜20台分。下記分量でつくり、2台分を使用）
発酵バター《beurre》…300g
粉糖《sucre glace》…188g
塩《sel》…2.3g
全卵《œufs entiers》…85.6g
バニラビーンズ《gousse de vanille》…1/10本
薄力粉《farine de blé tendre》…485g
アーモンドパウダー《amandes en poudre》…77g

クレーム・ダマンド
Crème d'amandes
→33頁参照。320gを使用。

チーズクリーム
Crème au fromage
牛乳《lait》…150g
練乳(無糖)《lait concentré non sucré》…15g
グラニュー糖《sucre semoule》…9g
貴腐ワイン(ソーテルヌ)《vin liquoreux／Sauternes》…9g
コーンスターチ《fécule de maïs》…13.5g
クリームチーズ(フランス産「キリ」)《fromage à la crème Kiri》…240g
サワークリーム《crème aigre》…24g
卵黄《jaunes d'œufs》…76g
発酵バター《beurre》…46.5g
メレンゲ《meringue française》
　卵白《blancs d'œufs》…49.5g
　グラニュー糖《sucre semoule》…57g

組立て
Montage
マンゴー《mangue》…大1個

マンゴーは風味豊かな国産の完熟のものを使用。写真は糖度が高く、果汁も多い宮崎県産マンゴーの3Lサイズ。

バリエーション

上はベイクドチーズケーキ、下はフルーツの焼き込みタルトと、それぞれ完成されたケーキを2層にした構成なので、タルトのフルーツを変えてバリエーションをつけることも容易。フルーツは、イチゴ、フランボワーズ、洋ナシなど季節によって変えている。写真はリンゴ（紅玉）入り。生の果実を焼き込むことで、果汁がクレーム・ダマンドにしみ込み、より香り高く、しっとりと仕上がる。

つくり方

パート・シュクレ・オー・ザマンド
Pâte sucrée aux amandes

生地のつくり方は18頁参照。前日に仕込み、冷蔵庫に入れてひと晩ねかせておく。

クレーム・ダマンド
Crème d'amandes

つくり方は33頁参照。前日に仕込み、冷蔵庫に入れてひと晩ねかせておく。

チーズクリーム
Crème au fromage

❶ 牛乳、練乳、グラニュー糖、貴腐ワインを銅ボウルに入れて混ぜ合わせ、コーンスターチを加えて中火にかける。熱のあたりが均一になるよう、ボウルをまわしながら泡立て器でたえずかき混ぜて火を入れていく。

❷ 70℃前後に達すると、コーンスターチのデンプンが糊化し、粘りが出てくる。ここからさらに1分半ほどかき混ぜて、弱火にし、完全に糊化したら火を止める。仕上がりはかなりねっとりとしている。

❸ クリームチーズとサワークリームを合わせて電子レンジに入れ、36〜40℃に温めておく。

❹ ②に③を3回に分けて加え混ぜる。1回ごとに泡立て器ですり混ぜ、6割方混ざったら次を加える。

❺ この作業は火を止めたコンロの上で行う。必要に応じて火をつけたり消したりしながら、ボウルの中の温度を40℃前後にキープしつつ、まんべんなく混ぜる。混ぜ終わりは、きめがととのい、なめらかで、とろんとした状態。

❻ 約30℃に温めておいた卵黄を一度に加える。

❼ ⑤と同様に温度を約40℃に保ちながら、泡立て器でむらなく混ぜる。

❽ 鍋にバターを入れて火にかけ、バターを溶かす。

❾ ⑦に⑧を加えて泡立て器で混ぜ合わせる。ボウルを作業台に移して、泡立て器で混ぜながら、温度を40℃まで下げる。

❿ ①〜⑨の作業の合間に、卵白とグラニュー糖を合わせてミキサーで撹拌し、メレンゲをつくっておく（34頁参照）。メレンゲを⑨に加え、ゴムベラで底から返すようにしながら混ぜる。ここで使うメレンゲは、糖分が多く、またツノが立つほど固く泡立てないので、ややねっとりした仕上がり。⑨のチーズクリームと同じ固さにするのがポイント。

組立て
Montage

❶ ひと晩ねかせたパート・シュクレを厚さ3mmの長方形にのばしてピケをしておく。底になる部分を直径15cmのセルクルでぬく。側面の部分は、幅1.7cmの帯状に切る。それぞれ2枚ずつ用意する。

❷ 天板に敷いたシルパンの上に底の生地を置き、直径15cm、高さ2cmのセルクルをセットする。側面の生地をくるりと巻いて型の内側に入れ、型にしっかりと密着させ、余分をペティナイフで切り落とす。

❸ 生地が型からはみ出た場合は、ペティナイフで切り落とす。

❹ クレーム・ダマンドは、冷蔵庫から出して室温に戻し、木ベラで軽く練って扱いやすい固さにする。

❺ 丸口金をつけた絞り袋に④を入れ、中心から外に向かって渦巻き状に絞る。クレーム・ダマンドの量は1台につき約160g。

❻ マンゴーは縦3つに切り、両側のふっくらした部分はそれぞれ縦8等分にして皮をとり、真ん中の部分は種をのぞいて、適当な大きさにカットする。

❼ クレーム・ダマンドの上にマンゴーを放射状に並べる。

❽ ⑦の型の上に、直径15cm、高さ4cmのセルクルを重ねる。これは焼成の際、熱風が直接あたるのを防ぐ（表面の水分が奪われないようにする）ため。

❾ 重ねたセルクルがずれないように小さなセルクルを脇に置いて固定して、153℃のコンベクションオーブンに入れ、約45分間焼成。まずダンパーを開けて20分間焼き、天板の前後を入れ替えて10分間焼成。ここで一度、上のマンゴーが乾燥していないかチェック。そのあと5分間焼いてから、乾燥防止のため、上にオーブンペーパーをかぶせてさらに10分間焼成する。

❿ 表面がキツネ色になったらオーブンからとり出す。上下の型はそのままの状態で、上にのせた型の内側側面にオーブンペーパーを沿わせる。

⓫ チーズクリームを2台に分けて流し入れる。

⓬ パレットナイフをチーズクリームに縦に入れ、細かく動かして泡切りをする。

⓭ 85℃のコンベクションオーブンに入れ、6分おきにスチームを入れながら約25分間焼く。いったんコンベクションオーブンの扉を開けて蒸気を逃がしてから、スチームなしでさらに8分間焼成。上火・下火ともに220℃の平窯に移してダンパーを開け、さらに1分間焼く。

⓮ 焼き上がったら、型に入れたまま、ガスバーナーで表面に焼き色をつける。

⓯ 上の型の内側にペティナイフを入れ、ぐるっと1周させて型をはずす。オーブンペーパーをとり、下のセルクルもはずして完成。

Fraisier

....

フレジエ

フランスのクラシックな菓子として知られるフレジエも、ユウジアジキではひと味違ったスタイルに。フレジエは、キルシュ入りのシロップをしみ込ませた生地にクレーム・ムースリーヌとフレッシュのイチゴを挟むのが一般的だが、「自分なりのフレジエ」として安食シェフが提案するのは、タルトを土台にしたユニークなスタイル。その上にピスタチオ風味のクレーム・ムースリーヌとイチゴをのせ、メープル風味のビスキュイ・ジョコンドを重ねる。濃厚なクリームと甘ずっぱいイチゴが、味覚的にも視覚的にも好対照をなしている。

材料（直径15cm、高さ2cm＋4cmのセルクル1台分）

パート・シュクレ・オー・ザマンド
Pâte sucrée aux amandes

→18頁参照。厚さ3mmにのばしてピケをしておく。タルトの底になる部分を直径15cmのセルクルでぬく。側面の部分は、幅1.7cmの帯状に切る。

クレーム・ダマンド
Crème d'amandes

→33頁参照。150gを使用。

メープル風味のビスキュイ・ジョコンド
Biscuit Joconde au érable

（38.5cm×27.5cmの天板4枚分）
アーモンドパウダー《amandes en poudre》…344g
粉糖《sucre glace》…204g
メープルシュガー《sucre d'érable》…48g
ローマジパン《pâte d'amandes crue》…100g
全卵《œufs entiers》…320g
卵黄《jaunes d'œufs》…200g
メレンゲ《meringue française》
├ グラニュー糖《sucre semoule》…300g
├ 乾燥卵白《blancs d'œufs séchés》…14g
└ 卵白《blancs d'œufs》…708g
薄力粉《farine de blé tendre》…308g
溶かしバター《beurre fondu》…120g

ピスタチオ風味のクレーム・ムースリーヌ
Crème mousseline à la pistache

カモミール風味のクレーム・アングレーズ
《crème anglaise à la camomille》
…下記分量でつくり、30gを使用
├ 牛乳《lait》…310g
├ カモミール《camomille》…13.5g
├ 生クリームA（乳脂肪分45%）
│ 《crème fraîche 45% MG》…68g
├ グラニュー糖《sucre semoule》…34g
├ 卵黄（加糖20%）《jaunes d'œufs 20% sucre ajouté》…126g
├ ジュレ・デセール《gelée dessert》…7.5g
├ 生クリームB（乳脂肪分45%）
└ 《crème fraîche 45% MG》…203g
発酵バター《beurre》…60g
ピスタチオペースト《pâte de pistaches》…20g
イタリアン・メレンゲ《meringue italienne》
…下記分量でつくり、20gを使用
├ グラニュー糖《sucre semoule》…100g
├ 水《eau》…30g
└ 卵白《blancs d'œufs》…50g

組立て・仕上げ
Montage, Décoration

イチゴ《fraises》…11粒
ローマジパン《pâte d'amandes crue》*…適量Q.S
粉糖《sucre glace》…適量Q.S

*ローマジパンは厚さ2mmにのばし、直径15cmのセルクルでぬく。

つくり方

メープル風味のビスキュイ・ジョコンド
Biscuit Joconde au érable

❶ フードプロセッサーにアーモンドパウダー、粉糖、メープルシュガーを入れ、混ぜ合わせる。ローマジパンを細かくちぎって入れ、さらに30〜40秒間、全体が混ざるまで撹拌する。
❷ 全卵と卵黄をボウルに入れてときほぐし、少量ずつ数回に分けて①に加え混ぜる。全体がなめらかになったらボウルに移す。
❸ メレンゲ（つくり方は34頁参照）を軽く泡立て器で混ぜ、泡立て器でひとすくいして②に加える。ボウルをまわしながら、ゴムベラで底からすくうようにして混ぜる。残りのメレンゲの半量を加え、泡をつぶさないよう注意しながら、さっくりと混ぜる。
❹ ふるっておいた薄力粉を加え、同様に混ぜる。
❺ メレンゲの残りを加えて同様に混ぜる。約60℃の溶かしバターを加え、全体が均一な状態になるように混ぜ合わせる。
❻ オーブンペーパーを敷いた天板に⑤を流し、表面をならす。
❼ 上火・下火ともに200℃の平窯に入れて約15分間焼成。天板の前後を入れ替えてさらに2〜3分間焼いてとり出す。

ピスタチオ風味のクレーム・ムースリーヌ
Crème mousseline à la pistache

❶ カモミール風味のクレーム・アングレーズをつくる。鍋に牛乳とカモミールを入れ、弱火で沸かす。沸いたら鍋にふたをして2分間香りを移す。
❷ ①をストレーナーで濾しながらボウルに移し、減ったぶんの牛乳を足して（材料外）、もとの分量である310gに調整する。
❸ ②を鍋に戻し、生クリームA、グラニュー糖を加えて中火にかけ、沸いたら卵黄を合わせる。
❹ 炊き上がったらジュレ・デセールを加え混ぜ、鍋底を流水や氷水に浸けて30℃まで冷やし、生クリームBを加え混ぜる。
❺ ミキサーボウルに室温に戻したバターを入れ、中速で撹拌する。
❻ ⑤がしっかり泡立ったら、④とピスタチオペーストを加え、さらに撹拌する。全体がふんわりとしてきたらボウルに移し、イタリアン・メレンゲ（つくり方は35頁参照）と合わせる。

組立て・仕上げ
Montage, Décoration

❶ 天板に敷いたシルパンの上に直径15cm、厚さ3mmのパート・シュクレ・オー・ザマンドを置き、直径15cm、高さ2cmのセルクルをセットする。側面の生地をくるりと巻いて型の内側に入れ、型にしっかりと密着させ、余分をペティナイフで切り落とす。
❷ クレーム・ダマンドを丸口金をつけた絞り袋に入れ、①の中心から外に向かって渦巻き状に絞る。
❸ 150℃のコンベクションオーブンに入れ、約35分間焼く。
❹ 焼き上げた③のタルトにピスタチオ風味のクレーム・ムースリーヌを薄くぬり、型の上に直径15cm、高さ4cmのセルクルを重ね、ヘタを落として半割りにしたイチゴを、カットした面を下にして隙間なく並べ、ピスタチオ風味のクレーム・ムースリーヌを上から流し入れる。
❺ ④の上に、直径15cmのセルクルでぬいたメープル風味のビスキュイ・ジョコンドを、焼き目を下にしてのせる。
❻ ビスキュイ・ジョコンドの上に、④の残りのクレーム・ムースリーヌを薄くぬり、ローマジパンをのせ、しっかりと密着させる。冷蔵庫に入れて30分間ほどやすませる。
❼ 型をはずし、仕上げに粉糖をふる。

Tarte aux Fraises
....
あまおうのタルト

大粒のイチゴ「あまおう」をぜいたくに使ったタルトは、ショーケースの中でもひときわ目をひく存在だ。素材のよさをそのまま生かしたいという考えから、フレッシュのイチゴとクレーム・ディプロマット、ホワイトチョコレートのガナッシュというシンプルな構成にしているが、クレーム・ダマンドを絞って焼き上げたタルトには自家製フリュイ・ルージュのコンポートのシロップをぬるなどの細やかな仕事をほどこして、イチゴのおいしさを最大限に引き出している。棒状のメレンゲを立体的に飾って、遊び心のあるデザインに。

材料（直径21cm、1台分）

パート・シュクレ・オー・ザマンド
Pâte sucrée aux amandes

→18頁参照。厚さ3mmにのばしてピケをしておく。タルトの底になる部分を直径21cmのセルクルでぬく。側面の部分は、幅1.7cmの帯状に切る。

クレーム・ダマンド
Crème d'amandes

→33頁参照。460gを使用。

クレーム・パティシエール
Crème pâtissière

→30頁参照。75gを使用。

クレーム・ディプロマット
Crème diplomate

クレーム・シャンティイ《crème chantilly》*1…150g
製菓用本葛粉（廣八堂「クズネージュ」）
《arrow-root》…0.2g
クレーム・パティシエール《crème pâtissière》…75g

*1 クレーム・シャンティイは、生クリーム（乳脂肪分45%）に10%量のグラニュー糖を加え、9分立てまで泡立てる。

ホワイトチョコレートのガナッシュ
Ganache blanche

ホワイトチョコレート（ヴァローナ「イボワール」）
《chocolat blanc》…15g
生クリーム（乳脂肪分40%）
《crème fraîche 40% MG》…150g
脱脂粉乳《lait écrémé en poudre》…3.3g

メレンゲ
Meringue

卵白《blancs d'œufs》…252g
カソナード《cassonade》…57g
グラニュー糖《sucre semoule》…324g
粉糖《sucre glace》…138g

組立て・仕上げ
Montage, Décoration

コンポート・フリュイ・ルージュのシロップ
《sirop de compote de fruits rouges》*2…適量Q.S
粉糖《sucre glace》…適量Q.S
イチゴ（あまおう）《fraises》…16粒

*2 コンポート・フリュイ・ルージュの材料・つくり方は37頁参照。

つくり方

クレーム・ディプロマット
Crème diplomate

クレーム・シャンティイに製菓用本葛粉を加えて混ぜたあと、クレーム・パティシエールを加え、軽く混ぜ合わせる。

ホワイトチョコレートのガナッシュ
Ganache blanche

❶ ボウルにホワイトチョコレートを入れ、湯煎で溶かす。同時進行で、鍋に生クリームを入れ、火にかけて沸かす。
❷ チョコレートが溶けたら、沸かした生クリームを少量ずつ、数回に分けて加え、そのつど泡立て器でしっかり混ぜて乳化させる。乳化したら、全体をのばすように、残りの生クリームを一気に加えてよく混ぜ合わせる。
❸ ボウルの底を氷水にあてながら混ぜ、10℃前後まで下げてから、冷蔵庫に入れてひと晩ねかせる。
❹ 翌日、冷蔵庫からとり出し、脱脂粉乳を合わせ、ミキサーで5分立てにする。使う直前にボウルの底を氷水にあてながら、泡立て器でしっかりと9分立てまでハンドホイップする。

メレンゲ
Meringue

❶ ミキサーボウルに卵白、カソナードと、グラニュー糖の3分の1量を入れ、ミキサーにセットし、高速で5分間撹拌する。残りのグラニュー糖の半量を加えてさらに5分間まわしたあと、残りのグラニュー糖を入れて10分間まわす。
❷ 天板にオーブンペーパーを敷き、口径7mmの星口金をつけた絞り袋に①を入れ、棒状に絞り、粉糖をふる。
❸ 上火・下火ともに120℃の平窯で1時間～1時間30分焼く。

組立て・仕上げ
Montage, Décoration

❶ シルパンの上に直径21cm、厚さ3mmのパート・シュクレ・オー・ザマンドを置き、直径21cm、高さ2cmのセルクルをセットする。側面の生地をくるりと巻いて型の内側に入れ、型にしっかりと密着させ、余分をペティナイフで切り落とす。
❷ クレーム・ダマンドは、冷蔵庫から出して室温に戻し、木ベラで軽く練って扱いやすい固さにする。丸口金をつけた絞り袋にクレーム・ダマンドを入れ、①の中心から外に向かって渦巻き状に絞る。
❸ 150℃のコンベクションオーブンで50分～1時間焼く。
❹ 焼き上がったら、コンポート・フリュイ・ルージュのシロップを表面にぬる。完全に冷めたら、タルトの側面に粉糖をつける。
❺ クレーム・パティシエールを口径7mmの丸口金でタルトの上に渦巻き状に絞り、ヘタをカットしたイチゴを、カットした面を外側に向けてタルトの縁にぐるりと並べ、クレーム・ディプロマットを中央に絞る。残りのイチゴは2等分にして、クリームにさし込むようにしてのせる。クレーム・ディプロマットを、イチゴの隙間を埋めるように絞る。
❻ ホワイトチョコレートのガナッシュを⑤の上にぬり、12等分に切り分ける。メレンゲを適当な長さに折って立体的に飾る。

Tarte aux Pêches
［黄金桃のにぎり］

フルーツのタルトは、上質な果物をすしネタに見立て、「すしシリーズ」として展開。「黄金桃のにぎり」は、濃厚な風味の山形県産「黄金桃」とクレーム・ディプロマットをのせた夏のタルト。土台のタルトには、白桃のピュレを使ったシロップをぬり、クレーム・パティシエールを絞って、白桃風味のシロップをしみ込ませたパータ・ジェノワーズを重ねている。

Tarte aux Mangues

［宮崎マンゴー大トロにぎり］

土台はバナナを焼き込み、パッションフルーツのピュレをぬったタルト。上にはそれぞれマンゴーとパッションフルーツのクリーム（135、136頁参照）を合わせた、クレーム・シャンティイとクレーム・パティシエールを絞り、薄いジェノワーズ生地を重ねてさらにマンゴーとパッションクリームをぬっている。カットしてから、甘くジューシーな完熟マンゴーを豪快にトッピング。味、見た目、ネーミングも印象的な夏の一品。

Tarte aux Cerises Américaines

［アメリカンチェリーの軍艦巻き］

パート・シュクレ・オー・ザマンドにクレーム・ダマンドを詰めて焼き上げたタルトに、フレーズ・デ・ボワのコンポートのシロップ（165、167頁参照）をぬる。冷めたらクレーム・パティシエールを渦巻き状に絞り、クレーム・シャンティイを絞って12等分にカット。種をとって2等分にしたアメリカンチェリーを飾る。

Choux à la Crème

シュー・ア・ラ・クレーム

アーモンドダイスがまぶされたシュー生地の中は、ブルボンバニラを使用したクレーム・パティシエールに、少量のクレーム・フエッテを合わせたクレーム・ディプロマット。シュークリームは洋菓子店の定番中の定番だが、しっかりと焼き込んだこうばしい生地に、濃厚なクリームを合わせて食感のコントラストを打ち出し、フランス菓子らしいメリハリのあるおいしさをつくり出している。ほどよく塩味をきかせた生地は、平窯に入れて生地を浮かせたあと、コンベクションオーブンに入れて乾燥焼きに。表面がきれいに膨らんでいるのは、生地を絞ってからフォークで表面を押さえつけているため。フォークで生地に筋をつけることで、焼成中に生地の中の蒸気がぬけやすくなり、湿気にくい生地に仕上がる。

材料（20個分）

パータ・シュー
Pâte à choux
牛乳《lait》…337g
グラニュー糖《sucre semoule》…6.7g
塩《sel》…6g
発酵バター《beurre》…144g
薄力粉《farine de blé tendre》…96g
強力粉《farine de blé dur》…96g
全卵《œufs entiers》…350g
卵白《blancs d'œufs》…88g
粉糖《sucre glace》…適量Q.S
アーモンドダイス
《amandes hachées》…適量Q.S

クレーム・ディプロマット
Crème diplomate
クレーム・パティシエール
《crème pâtissière》*…1000g
生クリームA（乳脂肪分35%）
《crème fleurette 35% MG》…75g
生クリームB（乳脂肪分42%）
《crème fraîche 42% MG》…75g

*クレーム・パティシエールの材料・つくり方は30頁参照。

組立て・仕上げ
Montage, Décoration
粉糖《sucre glace》…適量Q.S

断面

クレーム・ディプロマットは、クレーム・パティシエールの割合を多くして、こくのある味に。1個につき55〜60g絞り入れる。

つくり方

パータ・シュー
Pâte à choux

❶ 生地のつくり方は20頁参照。口径1.2cmの丸口金をつけた絞り袋に生地を入れ、天板の上に直径4.5cmの円形に絞る。あらかじめ天板に小麦粉をつけたセルクルで印をつけておくと絞りやすい。
❷ 卵黄に少量の水を加えたドリュール（材料外）を刷毛でぬり、焼き上げた時にきれいに膨らむように表面にフォークで筋をつける。
❸ 粉糖をまぶしたアーモンドダイスを❷の上にふり、霧を吹いて熟成する。
❹ 上火210℃・下火190℃の平窯で20〜30分間焼き、その後150℃のコンベクションオーブンで約10分間焼く。平窯で生地を浮かせ、コンベクションオーブンで乾かすイメージ。焼き上げたら底に穴をあけ、中の蒸気を逃す。

クレーム・ディプロマット
Crème diplomate

❶ 冷蔵庫でねかせておいたクレーム・パティシエールを分量だけとり出し、ボウルに入れてゴムベラでよくほぐす。
❷ 生クリームA、Bを別のボウルに入れ、ボウルの底を氷水にあてながら泡立て器で混ぜ、7分立てにする。❶に加え、ゴムベラでさっくりと混ぜる。

組立て・仕上げ
Montage, Décoration

口径7mmの丸口金をつけた絞り袋にクレーム・ディプロマットを入れ、シュー生地の底の穴から絞り入れる。仕上げに粉糖をふる。

Choux
Craquelin

....

シュークリーム食べた〜い

サクサクの食感のクッキーシューは、「シュー・ア・ラ・クレーム」（62頁）とはまったく異なるアプローチでつくったシュークリーム。「卵の風味豊かな、とろんとしたクリームを食べさせたい」（安食シェフ）という考えから、クレーム・パティシエールはバニラ不使用。牛乳もあっさりとした低温殺菌牛乳を使用し、卵の香り、味をダイレクトに感じられる仕立てに。クレーム・シャンティイを合わせて、やさしい甘みのクリームに仕上げた。パータ・シューもクリームに合わせて配合を変え、クッキー生地でアクセントをつけている。

材料（20個分）

パータ・シュー
Pâte à choux

牛乳《lait》…280g
グラニュー糖《sucre semoule》…6g
塩《sel》…5g
発酵バター《beurre》…120g
薄力粉《farine de blé tendre》…80g
強力粉《farine de blé dur》…80g
全卵《œufs entiers》…348g

クラクラン（クッキー生地）
Craquelin

（下記はつくりやすい分量）
発酵バター《beurre》…1200g
粉糖《sucre glace》…300g
ローマジパン
《pâte d'amandes crue》…900g
薄力粉《farine de blé tendre》…900g

クレーム・ディプロマット
Crème diplomate

クレーム・パティシエール《crème pâtissière》
…下記分量でつくり、1000gを使用
┌ 牛乳(低温殺菌牛乳)
│ 《lait pasteurisé》…1000g
│ グラニュー糖《sucre semoule》…100g
│ トレハロース《tréhalose》…100g
│ 卵黄《jaunes d'œufs》…340g
└ 薄力粉《farine de blé tendre》…50g
生クリームA（乳脂肪分35%）
《crème fleurette 35% MG》…75g
生クリームB（乳脂肪分42%）
《crème fraîche 42% MG》…75g
グラニュー糖《sucre semoule》…15g

断面

クレーム・ディプロマットは1個につき55〜60g。「シュー・ア・ラ・クレーム」（62頁参照）は、クレーム・パティシエールにクレーム・フエッテを合わせているが、こちらはグラニュー糖を10%加えたクレーム・シャンティイ。

つくり方

パータ・シュー
Pâte à choux

生地のつくり方は20頁参照（材料は異なるが、作業工程は同じ）。

クラクラン（クッキー生地）
Craquelin

❶ ボウルに室温に戻したバターを入れ、泡立て器でマヨネーズ状になるまで練る。粉糖を加えて泡立て器ですり混ぜる。
❷ ローマジパンを加えてよく混ぜてから、薄力粉を加え、ゴムベラで切るようにしながら、粉けがなくなるまで混ぜる。
❸ ラップフィルムの上にとり出し、厚さ1cmほどにのばしてラップフィルムで包み、ひと晩冷蔵庫でねかせる。

クレーム・ディプロマット
Crème diplomate

❶ クレーム・パティシエールのつくり方は30頁参照（材料は異なるが、作業工程は同じ）。冷蔵庫でねかせておいたクレーム・パティシエールを分量だけとり出し、ボウルに入れてゴムベラでよくほぐす。
❷ 生クリームA、Bを別のボウルに入れ、生クリームの10%のグラニュー糖を加え、ボウルの底を氷水にあてながら泡立て器で7分立てに泡立てる。
❸ ①に②を加え、ゴムベラでさっくりと混ぜる。

組立て
Montage

❶ パータ・シューを口径1.2cmの丸口金をつけた絞り袋に入れ、天板の上に直径4.5cmの円形に絞る。あらかじめ天板に小麦粉をつけたセルクルで印をつけておくと絞りやすい。
❷ 冷蔵庫でねかせておいたクラクラン（クッキー生地）をとり出して、直径5cmの棒状に成形する。再度冷蔵庫に入れて生地をやすませたのち、厚さ約1.5mmにスライスし、①の上にのせる。
❸ 上火180℃・下火190℃の平窯で約20〜30分間焼き、その後150℃のコンベクションオーブンで約10分間焼く。
❹ 口径7mmの丸口金をつけた絞り袋にクレーム・ディプロマットを入れ、焼き上げたシュー生地の底から絞り入れる。

Éclair Café

エクレール・カフェ

シュー生地、クレーム・パティシエール、フォンダンで構成されるエクレアは、フランス菓子の定番中の定番。年齢性別を問わず、フランスでもっとも親しまれてきた生菓子のひとつだ。現在はさまざまなアレンジがあるが、基本はコーヒーおよびチョコレート風味。ユウジアジキの「エクレール・カフェ」は、星口金で絞った筋模様入りの生地に、クレーム・フエッテを加えたコーヒー風味のクレーム・ディプロマット入り。上面にコーヒーエッセンスを加えたフォンダンと粒状のチョコレートを配し、オーソドックスな伝統菓子にモダンな表情をプラスした。

材料（10個分）

パータ・シュー
Pâte à choux

- 牛乳《lait》…280g
- グラニュー糖《sucre semoule》…6g
- 塩《sel》…5g
- 発酵バター《beurre》…120g
- 薄力粉《farine de blé tendre》…80g
- 強力粉《farine de blé dur》…80g
- 全卵《œufs entiers》…348g

コーヒー風味の
クレーム・ディプロマット
Crème diplomate au café

- 生クリームA（乳脂肪分35％）
- 《crème fleurette 35% MG》…10g
- インスタントコーヒー《café soluble》…2g
- コーヒー濃縮エキス（ドーバー洋酒貿易「トックブランシュ カフェ」）
- 《extrait de café liquide》…4g
- クレーム・パティシエール
- 《crème pâtissière》*1…400g
- 生クリームB（乳脂肪分35％）
- 《crème fleurette 35% MG》…25g
- 生クリームC（乳脂肪分42％）
- 《crème fraîche 42% MG》…25g

*1 クレーム・パティシエールの材料・つくり方は30頁参照。

組立て・仕上げ
Montage, Décoration

- 粒状チョコレート（ヴァローナ「パール・ショコラ」）
- 《perles chocolat noir》…1個につき7粒
- コーヒー風味のフォンダン
- 《fondant au café》*2…適量Q.S

*2 フォンダンにトラブリ（コーヒーエッセンス）適量を合わせたもの。

棒状のシュー生地に、両端からクリームを絞り入れる。口金をさし込んだ穴は、粒チョコレートでふたをする。

生地にクリームを詰めたら、ボウルに入れたコーヒー風味のフォンダンに上面を浸け、粒チョコレートを飾る。

つくり方

パータ・シュー
Pâte à choux

生地のつくり方は20頁参照（材料は異なるが、作業工程は同じ）。6B口金をつけた絞り袋に生地を入れ、天板に長さ11cmの棒状に絞り、卵黄に少量の水を加えたドリュール（材料外）をぬって、上火180℃・下火190℃の平窯で約30分間焼く。焼き上げた生地の両端に小さな穴をあけ、生地の内側の蒸気をぬいて冷ます。

コーヒー風味の
クレーム・ディプロマット
Crème diplomate au café

1. ボウルに生クリームA、インスタントコーヒー、コーヒー濃縮エキスを入れ、よく混ぜる。
2. 冷蔵庫でねかせておいたクレーム・パティシエールを分量だけとり出し、ボウルに入れてゴムベラでよくほぐす。
3. ②に①を加えてよく混ぜる。
4. 別のボウルに生クリームB、Cを入れ、泡立て器で7分立てに泡立てる。③に加えてさっくりと混ぜ合わせる。

組立て・仕上げ
Montage, Décoration

1. 口径7mmの丸口金をつけた絞り袋にコーヒー風味のクレーム・ディプロマットを入れ、パータ・シューの両端の穴に口金をさし込んでクリームを詰める。中心までクリームを詰めたら、あけた穴に粒状のチョコレートを詰めてふたをする。
2. コーヒー風味のフォンダンを上部につけ、粒状のチョコレートを飾る。

Spearmint

....

スペアミント

中はスペアミント入りのクレーム・ディプロマット。ここでのポイントは、ミントの葉を細かくする際にすり鉢を使う点。ミキサーでは熱が入って黒ずんでしまうが、すり鉢ですると鮮やかな緑色に仕上がるという。すりたてのミントにユズ果汁を加え、クレーム・パティシエールにブレンド。フレッシュな色と香りを余すことなく封じ込めた。清涼感のあるミントと濃厚なクレーム・パティシエールは予想以上に好相性。フォンダンとクリームにしのばせたユズの酸味も味の引き立て役だ。シンプルな見た目だが、しっかりとした個性が潜むシェフの会心作。

材料（10個分）

パータ・シュー
Pâte à choux

牛乳《lait》…280g
グラニュー糖《sucre semoule》…6g
塩《sel》…5g
発酵バター《beurre》…120g
薄力粉《farine de blé tendre》…80g
強力粉《farine de blé dur》…80g
全卵《œufs entiers》…348g

ミント風味の
クレーム・ディプロマット
Crème diplomate au menthe

スペアミント《menthe verte》…9g
ユズ果汁《jus de yuzu》…4g
クレーム・パティシエール《crème pâtissière》*…400g
生クリームA（乳脂肪分35％）
《crème fleurette 35% MG》…30g
生クリームB（乳脂肪分42％）
《crème fraîche 42% MG》…30g

＊クレーム・パティシエールの材料・つくり方は30頁参照。

組立て・仕上げ
Montage, Décoration

ユズ果汁《jus de yuzu》…適量Q.S
粒状チョコレート（ヴァローナ「パール・ショコラ」）
《perles chocolat noir》…1個につき2粒
フォンダン《fondant》…適量Q.S
ユズの皮のコンフィ《écorces de yuzus confits》…適量Q.S
ワッフルシュガー《sucre perlé》…適量Q.S

つくり方

パータ・シュー
Pâte à choux

生地のつくり方は20頁参照（材料は異なるが、作業工程は同じ）。6B口金をつけた絞り袋に生地を入れ、天板に長さ11cmの棒状に絞り、卵黄に少量の水を加えたドリュール（材料外）をぬって、上火180℃・下火190℃の平窯で約30分間焼く。焼き上げた生地の両端に小さな穴をあけ、生地の内側の蒸気をぬいて冷ます。

ミント風味の
クレーム・ディプロマット
Crème diplomate au menthe

❶ スペアミントの葉とユズ果汁をすり鉢に入れ、すりこ木でミントの葉を細かくする。
❷ 冷蔵庫でねかせておいたクレーム・パティシエールを分量だけとり出し、ボウルに入れてゴムベラでよくほぐす。
❸ ②に①を加えてよく混ぜる。
❹ 別のボウルに生クリームA、Bを入れ、泡立て器で7分立てに泡立てる。③に加えてさっくりと混ぜ合わせる。

組立て・仕上げ
Montage, Décoration

❶ 口径7mmの丸口金をつけた絞り袋にミント風味のクレーム・ディプロマットを入れ、パータ・シューの両端の穴に口金をさし込んでクリームを詰める。中心までクリームを詰めたら、あけた穴に粒状のチョコレートを詰めてふたをする。
❷ ユズ果汁を混ぜたフォンダンを上部につけ、ユズの皮のコンフィとワッフルシュガーを飾る。

Saint-Honoré Tonka

....

サントノレ・トンカ

日本でも洋菓子店の新定番として認知度が高まっているサントノレ。キャラメル風味やバラ風味などさまざまなアレンジが見かけられるなかで、安食シェフが提案するのは、アメがけしたシューと真っ白なクリームの伝統的なスタイル。ただし、上に絞ったクリームは、クレーム・シャンティイではなく、トンカ豆をひと晩浸け込んだホワイトチョコレート入り生クリームをホイップしたもの。甘くエキゾチックなトンカ豆の風味をプラスしてオリジナリティを出した。プチシューの中には、濃厚なクレーム・ディプロマットを詰めている。

材料（10個分）

パート・フイユテ
Pâte feuilletée

→28頁参照。厚さ1mmにのばし、ひと晩ねかせ、直径7cmのセルクルでぬく。10枚用意。

パータ・シュー
Pâte à choux

牛乳《lait》…337g
グラニュー糖《sucre semoule》…6.7g
塩《sel》…6g
発酵バター《beurre》…144g
薄力粉《farine de blé tendre》…96g
強力粉《farine de blé dur》…96g
全卵《œufs entiers》…350g
卵白《blancs d'œufs》…88g
→生地のつくり方は20頁参照。

クレーム・ディプロマット（プチシュー用）
Crème diplomate pour petits choux

クレーム・パティシエール《crème pâtissière》*1…150g
生クリームA（乳脂肪分35%）
《crème fleurette 35% MG》…11g
生クリームB（乳脂肪分42%）
《crème fraîche 42% MG》…11g

クレーム・ディプロマット（組立て用）
Crème diplomate pour montage

クレーム・パティシエール《crème pâtissière》*1…100g
生クリームC（乳脂肪分40%）
《crème fraîche 40% MG》…100g
グラニュー糖《sucre semoule》…7g

*1 クレーム・パティシエールの材料・つくり方は30頁参照。

クレーム・トンカ
Crème tonka

ホワイトチョコレート（ヴァローナ「イボワール」）
《chocolat blanc》…60g
生クリームD（乳脂肪分35%）
《crème fleurette 35% MG》…150g
生クリームE（乳脂肪分35%）
《crème fleurette 35% MG》…354g
トンカ豆《fève de tonka》…1/2粒
製菓用本葛粉（廣八堂「クズネージュ」）
《arrow-root》…13g

組立て・仕上げ
Montage, Décoration

キャラメル《caramel》*2…適量Q.S
アラザン《dragées perles argentées》…適量Q.S

*2 鍋にグラニュー糖、水アメ、水を入れて火にかけ、ブロンド色になるまで煮詰める。

つくり方

クレーム・ディプロマット（プチシュー用）
Crème diplomate pour petits choux

❶ 冷蔵庫でねかせておいたクレーム・パティシエールを分量だけとり出し、ボウルに入れてゴムベラでよくほぐす。
❷ 生クリームA、Bを別のボウルに入れ、泡立て器で7分立てに泡立てる。①に加えてさっくりと混ぜ合わせる。

クレーム・ディプロマット（組立て用）
Crème diplomate pour montage

❶ 冷蔵庫でねかせておいたクレーム・パティシエールを分量だけとり出し、ボウルに入れてゴムベラでよくほぐす。
❷ 別のボウルに生クリームCとグラニュー糖を入れ、泡立て器で7分立てに泡立て、①に加えてさっくりと混ぜ合わせる。

クレーム・トンカ
Crème tonka

❶ ホワイトチョコレートをボウルに入れ、湯煎で溶かす。同時進行で、鍋に生クリームDを入れ、火にかけて沸かす。
❷ チョコレートが溶けたら、生クリームDを少量ずつ、数回に分けて加え、そのつど泡立て器でしっかり混ぜて乳化させる。
❸ ボウルの底を氷水にあてながら混ぜ、30℃になるまで冷やす。
❹ 生クリームEを加えてよく混ぜたあと、きざんだトンカ豆を加え混ぜる。ラップフィルムを落としぶたのように液面にぴったり密着させ、冷蔵庫に入れてひと晩ねかせる。
❺ 翌日、④を漉し、製菓用本葛粉を加えて、9分立てにする。

組立て・仕上げ
Montage, Décoration

❶ 土台となる直径7cm、厚さ1mmのパート・フイユテの縁に沿って、円を描くように、パータ・シューを口径7mmの丸口金で絞る。生地が均等に焼けるように、パート・フイユテの中央にもパータ・シューを少量絞り、卵黄に少量の水を加えたドリュール（材料外）をぬって、180℃のコンベクションオーブンで15分間焼く。一方で、天板にシルパンを敷いて直径2.5cmのプチシューを絞り、上火180℃・下火190℃の平窯で約30分間焼成する。
❷ 土台のシュー生地とプチシューの上部にキャラメルをつける。
❸ プチシューに、プチシュー用のクレーム・ディプロマットを詰める。土台の中心には、組立て用のクレーム・ディプロマットを絞る。
❹ 土台のリング状のシューの上にプチシューを3つ等間隔にのせ、クレーム・トンカをプチシューの間に絞る。それぞれのプチシューの上にもクレーム・トンカを絞り、さらにその上に大きく円を描くようにして絞る。プチシューのキャラメルが少し見えるように絞るのがポイント。仕上げにアラザンを飾る。

プチシューは直径約2.5cm。土台のパート・フイユテには、縁に沿ってリング状にシュー生地を絞る。生地が焦げないよう、中央に絞ることも忘れずに。刷毛でドリュールをぬってオーブンへ。

Chiboust Fraise

あまおうのシブスト

「あまおう」をふんだんに使ったぜいたくなシブスト。この菓子の要であるクレーム・シブストが誕生したのは1800年代。これとアパレイユ、リンゴ、折りパイ生地、キャラメリゼで構成される「シブスト」はフランス伝統菓子のなかでも指折りの傑作とされている。じつは安食シェフがフランス菓子に開眼するきっかけになったのもこの菓子。初めて食べたとき、そのおいしさに衝撃を受けたそう。それだけに思い入れも深く、製法を徹底的に研究。試行錯誤や微調整をくり返し、現在のレシピに至った。上段は伝統製法に忠実なクレーム・シブスト。下にはサワークリームとクレーム・ドゥーブルをブレンドしたオリジナルのアパレイユを使用。ブリュレのような濃厚な味わいと、果実と好相性のほのかな酸味が印象的だ。

材料（37cm×8cmのカードル1台分）

パート・フイユテ
Pâte feuilletée

→28頁参照。

アパレイユ
Appareil

サワークリーム《crème aigre》…160g
バニラビーンズ《gousse de vanille》…適量Q.S
クレーム・ドゥーブル《crème double》…60g
全卵《œufs entiers》…90g
グラニュー糖《sucre semoule》…53g

クレーム・シブスト
Crème chiboust

イタリアン・メレンゲ《meringue italienne》
┌ グラニュー糖《sucre semoule》…100g
│ 水《eau》…15g
└ 卵白《blancs d'œufs》…50g
クレーム・パティシエール
《crème pâtissière》*¹…90g
板ゼラチン《feuilles de gélatine》…2.5g

組立て・仕上げ
Montage, Décoration

クレーム・パティシエール《crème pâtissière》*¹…適量Q.S
パータ・ジェノワーズ《pâte à génoise》*²…適量Q.S
練乳(無糖)《lait concentré non sucré》…適量Q.S
イチゴ（あまおう）《fraises》…適量Q.S
粉糖《sucre glace》…適量Q.S

*1 クレーム・パティシエールの材料・つくり方は30頁参照。
*2 パータ・ジェノワーズの材料・つくり方は16頁参照。

アパレイユは、サワークリームとクレーム・ドゥーブルをブレンド。バニラビーンズはさやを縦にさいて、ペティナイフで中の種をしごき出しておく。

つくり方

パート・フイユテ
Pâte feuilletée

❶ 生地のつくり方は28頁参照。麺棒で45cm×18.5cm、厚さ2mmにのばしてピケをし、型に敷き込む。はみ出した生地は型の高さに合わせてペティナイフでカット。内側にオーブンペーパーを敷き込み、使用するまで冷凍庫でやすませておく。

❷ タルトストーンやひとまわり小さい型などの重しを入れ、天板にのせ、180℃のコンベクションオーブンに入れて15分間焼成。175℃に落としてダンパーを開け、天板の前後を入れ替えてさらに15分間焼く。生地をチェックし、縁が薄く色づいていたら重しをはずす。ここからは様子を見つつ、7〜10分間程度焼き、生地が均一に色づいたら、卵黄と水を合わせたドリュール（材料外）を刷毛でぬってさらに5〜7分間ほど焼成する。

アパレイユ
Appareil

❶ ボウルにサワークリームを入れ、さやからとり出したバニラビーンズの種、クレーム・ドゥーブルを加えて泡立て器でざっと混ぜる。
❷ 別のボウルに全卵を入れて軽くほぐし、グラニュー糖を加え、泡立て器でよくすり混ぜる。
❸ ②を①のボウルに4〜5回に分けて加え、そのつど泡立て器でしっかりと混ぜ合わせる。
❹ ストレーナーで漉し、冷蔵庫でひと晩ねかせる。
❺ 天板に空焼きしたパート・フイユテをのせ、中に④を流し入れる。
❻ 140℃のコンベクションオーブンでまず15分間焼き、天板の前後を入れ替えてさらに5分間焼成。ここで一度チェックし、軽く揺らしてみて表面に張りがあり、プルッとした状態になっていれば、オーブンからとり出す。まだやわらかければ、様子を見ながらもう数分間焼く。焼き上がったら冷蔵庫でやすませる。

クレーム・シブスト
Crème chiboust

❶ イタリアン・メレンゲをつくる（35頁参照）。仕上がりはつややかで固く締まり、すくい上げるとピンとツノが立つ。
❷ ①の作業と並行して、ひと晩ねかせたクレーム・パティシエール（30頁参照）を鍋に入れ、使う寸前に再度熱を入れ、底がボコボコッと泡立つまで温める。ボウルに移し、水（材料外）で戻した板ゼラチンの水けをきって加え、泡立て器で混ぜ込む。
❸ ①のイタリアン・メレンゲを②に加え、ゴムベラで切るようにしながら、むらなく混ぜ合わせる。
❹ 混ぜ終わりの状態。クレーム・パティシエールもイタリアン・メレンゲも温かい状態で合わせるのがポイント。

組立て・仕上げ
Montage, Décoration

❶ 直径1cmの丸口金をつけた絞り袋にクレーム・パティシエールを入れ、アパレイユの表面をおおうように絞る。

❷ 厚さ約5mmのパータ・ジェノワーズを①の上にかぶせる。型の大きさ（37cm×8cm）ぴったりでなくても、何枚かつぎ合わせて表面がかくれればよい。

❸ ②の表面に刷毛で練乳をぬる。

❹ ヘタをとって縦に2つにカットしたイチゴを、断面を下に向けて2列に並べる。この際、片方の列はイチゴの上部をすべて右向きに、もう一列はすべて左向きにする。並べ終わったら冷蔵庫で冷やす。ここまで終えてからクレーム・シブストを仕込む。

❺ ④を冷蔵庫からとり出し、できあがったクレーム・シブストをゴムベラでおおまかにこんもりとのせる。

❻ パレットナイフで山形にととのえ、上部を平らにならす。

❼ クリームがくっつかない素材の紙（ここではシールの台紙を利用）などを使って、カーブをつけるようにしながら、最終的にビュッシュのような形状（かまぼこ形）にととのえる。

❽ 冷蔵庫で7〜8分間やすませてから、粉糖をふり、15分間隔で計6回キャラメリゼする。

❾ 粉糖をふる際は、ふるいを使って、上面全体がかくれるようにふる。

❿ 右手に持ったキャラメライザーで焼き色をつけながら、さらに左手にガスバーナーを持って火をあてて、むらができないようにキャラメリゼする。キャラメライザーをスーッとすべらせ、つねに一方通行（1回のキャラメリゼで同じ場所は二度こすらない）で色づけていく。1回キャラメリゼするごとに、15分間冷蔵庫でやすませる。

⓫ 6回目のキャラメリゼを終えたら、キャラメルが固まる前に熱したナイフで10本（11等分）筋を入れ、冷蔵庫で約15分間やすませる。

⓬ ⓫を冷蔵庫からとり出し、型をはずす。型の幅よりも直径が小さく、かつ4cm（カードルの高さ）以上の高さのセルクルを3〜4個並べて置き、その上に⓫をのせるとはずしやすい。

⓭ 筋目に合わせて11等分にカットする。

Chiboust Poire

[洋梨のシブスト]

構成は「あまおうのシブスト」(72頁参照)と同じだが、フルーツに合わせてマイナーチェンジ。下段のパート・フイユテの中は、洋ナシのオー・ド・ヴィ「ポワール・ウィリアム」を加えて風味をつけたアパレイユ。その上にゴロゴロと大きめにカットしたフレッシュのラ・フランスとクレーム・シブスト。毎年11月〜12月に販売する秋冬の商品。

Chiboust Dekopon

[デコポンのシブスト]

春先に登場する、みずみずしいデコポンを使ったシブスト。中央に薄皮をむいたデコポンを配し、下段のアパレイユにはオレンジのリキュール「マンダリン・ナポレオン」を加え、オレンジの風味を強調。中間に薄いパータ・ジェノワーズを挟むことで、上下の層がきれいに分かれ、また果汁が必要以上にアパレイユに落ちるのを防いでいる。

Chiboust Pamplemousse
[グレープフルーツのシブスト]

フレッシュのグレープフルーツを挟んだシブストは、夏の商品。甘ずっぱいグレープフルーツに合わせて、アパレイユはライチリキュール「ディタ」で風味づけ。なお、各フルーツに合わせて、アパレイユのクレーム・ドゥーブルやサワークリームの分量を微妙に変更して酸味を調整することもあるが、クレーム・シブストのレシピは全商品共通。

Chiboust aux Fruits
[フルーツのシブスト]

イチゴ、マンゴー、ゴールデンキウイ、バナナをとり合わせた色鮮やかなシブスト。アパレイユにはサクランボの蒸留酒、キルシュを加え、風味豊かに仕上げている。ショートケーキやタルトなどと同様に、伝統的なフランス菓子のシブストも、旬のフルーツを組み合わせて通年で提供。ショーケースの季節感を演出している。

Mont-blanc

....

モンブラン

渋皮つき西洋グリを使ったモンブラン。ここでは甘さや食感を考え、マロンペーストと無糖のマロンピュレをブレンド。シャンティイ・オ・マロンの下には、保形性がよく、ミルキーな風味とこくを加味してくれるホワイトチョコレートのガナッシュを配した。現在は日本でも渋皮タイプが主流だが、安食シェフ曰く「十代後半まで僕のモンブランのイメージは、スポンジと生クリーム、クリの甘露煮の黄色いペーストを重ねたものでした」。それを打ちくだいたのが「オーボンヴュータン」の河田勝彦シェフがつくるモンブラン。「食べた瞬間そのおいしさに感動し、モンブランの概念が覆りました」。それ以来、底にメレンゲを敷き、茶色い渋皮グリのペーストを使ったスタイルが安食シェフのスタンダードモンブランに。

材料（20個分）

メレンゲ
Meringue

（100個分）
卵白《blancs d'œufs》…280g
カソナード《cassonade》…64g
グラニュー糖《sucre semoule》…424g
粉糖《sucre glace》…80g
カカオバター《beurre de cacao》…適量Q.S

ホワイトチョコレートのガナッシュ
Ganache blanche

ホワイトチョコレート（ヴァローナ「イボワール」）
《chocolat blanc》…60g
生クリーム（乳脂肪分40%）
《crème fraîche 40% MG》…600g
脱脂粉乳《lait écrémé en poudre》…13.2g

マロンクリーム
Crème de marron

マロンペースト《pâte de marrons》…131g
発酵バター《beurre》…58.5g
マロンピュレ《purée de marrons》…65.5g
ラム酒《rhum》…8g

シャンティイ・オ・マロン
Crème chantilly au marron

マロンペースト《pâte de marrons》…589g
マロンピュレ《purée de marrons》…196.5g
濃縮牛乳（乳脂肪分8.8%）
《lait 8.8% MG》…140g
生クリームA（乳脂肪分35%）
《crème fleurette 35% MG》…250.5g
生クリームB（乳脂肪分45%）
《crème fraîche 45% MG》…250.5g

組立て・仕上げ
Montage, Décoration

粉糖《sucre glace》…適量Q.S

左はマロンクリーム、右はシャンティイ・マロンの材料。ともにフランス産のマロンペーストと無糖のマロンピュレを合わせて甘みを調整し、風味豊かに仕上げている。

断面

土台は、卵白に倍量の砂糖を合わせたメレンゲ。砂糖を数回に分けて時間をかけてミキシングするため、きめ細かく溶けるような食感。

下から順に、メレンゲ、マロンクリーム、ホワイトチョコレートのガナッシュ、シャンティイ・マロン。

つくり方

メレンゲ
Meringue

卵白とカソナード、グラニュー糖の5分の1量をミキサーボウルに入れ、ミキサーで撹拌する。残りのグラニュー糖を4回に分けて加え、しっかりと泡立てたらボウルに移し、粉糖を加えてヘラで軽く混ぜ合わせる。直径5cmに絞り、上火・下火ともに120℃の平窯で約2時間焼成。冷めたら、溶かしたカカオバターをぬって乾かす。

ホワイトチョコレートのガナッシュ
Ganache blanche

ボウルにホワイトチョコレートを入れて湯煎で溶かし、沸かした生クリームを加え、泡立て器で混ぜながら乳化させる。ボウルの底を氷水にあてて冷やし、冷蔵庫に入れてひと晩ねかせる。翌日、冷蔵庫からとり出し、脱脂粉乳を合わせ、ミキサーで5分立てに。使う直前にボウルの底を氷水にあてながら、泡立て器で9分立てにする。

マロンクリーム
Crème de marron

❶ フードプロセッサーにマロンペーストを手で細かくちぎって入れ、バターを加えて撹拌する。マロンペーストとバターが混ざったら、マロンピュレを加え、さらに撹拌してよく混ぜ合わせる。
❷ ①をボウルに移し、ラム酒を加え、ゴムベラでよく混ぜる。冷蔵庫に入れてひと晩ねかせる。
❸ ミキサーボウルに②を入れてミキサーにセットし、中速で撹拌する。
❹ 仕上がりは、つややかで、適度な固さのある状態。

シャンティイ・オ・マロン
Crème chantilly au marron

❶ フードプロセッサーにマロンペーストを手で細かくちぎって入れ、マロンピュレを加えて撹拌する。
❷ マロンペーストとマロンピュレが混ざったら、濃縮牛乳を少量ずつ、数回に分けて加え、そのつど10〜15秒間撹拌して、しっかり混ぜ合わせる。
❸ ②をボウルに移し、2種類の生クリームを加えて混ぜ合わせる。冷蔵庫に入れてひと晩ねかせる。
❹ ③を冷蔵庫からとり出し、ボウルの底を氷水にあてながら、泡立て器で7分立てにする。

組立て・仕上げ
Montage, Décoration

❶ 土台となるメレンゲを作業台に並べ、メレンゲの中央にマロンクリームを口径1.2cmの丸口金で円錐状に絞る。
❷ 口径1.2cmの丸口金をつけた絞り袋にホワイトチョコレートのガナッシュを入れ、①のマロンクリームのまわりに渦巻き状に絞って、マロンクリームをおおいかくす。
❸ 小田巻にシャンティイ・オ・マロンを詰め、クリームを押し出しながら縦にふり、②の上にシャンティイ・オ・マロンを細い麺状に絞り出す。90度向きを変えて同様に絞り、ホワイトチョコレートのガナッシュをシャンティイ・オ・マロンでおおう。
❹ 粉糖を茶漉しでふって仕上げる。

Mont-blanc au Marron Japonais

和栗のモンブラン

熊本県産のクリを使った季節限定商品。毎年、シーズンに入ってすぐに初物のクリをとり寄せ、風味が落ちないうちにつくりきり、在庫が無くなったら販売終了。年にもよるが、だいたい10月なかばから年末までが販売期間だそう。「2種類のクリのペーストをミキサーで合わせる際には、クリの味わいが濃く出るように、空気を入れすぎないよう低速で混ぜます」と安食シェフ。ここに合わせる生クリームは、高脂肪すぎるとペーストが固くなってしまうため、乳脂肪分35％を使用。やさしい和グリの風味を生かすよう、底には粉の入らない軽めの生地を配した。中心には大粒のクリの渋皮煮を仕込み、和グリの味と香りを満喫できる構成に。仕上げに和三盆糖をふるなど、和素材を考慮した繊細な演出にも注目。

材料（20個分）

ビスキュイ・サン・ファリーヌ
Biscuit sans farine

メレンゲ《meringue française》
- 卵白《blancs d'œufs》…32.6g
- グラニュー糖《sucre semoule》…25.5g

アーモンドパウダー《amandes en poudre》…102g
グラニュー糖《sucre semoule》…76.3g
発酵バター《beurre》…40.5g
全卵《œufs entiers》…153.5g

ホワイトチョコレートのガナッシュ
Ganache blanche

ホワイトチョコレート（ヴァローナ「イボワール」）
《chocolat blanc》…60g
生クリーム（乳脂肪分40％）
《crème fraîche 40% MG》…600g
脱脂粉乳《lait écrémé en poudre》…13.2g

和グリのシャンティイ
Crème chantilly au marron japonais

和グリのペースト《pâte de marrons japonais》*1…960g
生クリーム（乳脂肪分35％）
《crème fleurette 35% MG》…300g

*1 和グリのペーストは、糖度32％と16％の2種類をブレンド。糖度16％のペーストは、裏漉しして使用する。

組立て・仕上げ
Montage, Décoration

クレーム・パティシエール《crème pâtissière》*2…適量 Q.S
和グリの渋皮煮《compote de marrons japonais》…20粒
和三盆糖《sucre roux／wasanbon》…適量 Q.S
粉糖《sucre glace》…適量 Q.S

*2 クレーム・パティシエールの材料・つくり方は30頁参照。

断面

下から順に、ビスキュイ・サン・ファリーヌ、クレーム・パティシエール、和グリの渋皮煮、ホワイトチョコレートのガナッシュ、和グリのシャンティイ。

和グリのペーストは、糖度32％と16％の2タイプを使用する。生クリームなどでのばすのではなく、2つをブレンドすることで、クリの質感や風味を薄めずに甘みを抑えることができる。

つくり方

ビスキュイ・サン・ファリーヌ
Biscuit sans farine

❶ ミキサーボウルに卵白、グラニュー糖を入れてミキサーで撹拌し、メレンゲをつくる（34頁参照）。
❷ ①の作業と並行して、フードプロセッサーにアーモンドパウダー、グラニュー糖、バターを入れ、ときほぐした全卵を少量ずつ、数回に分けて加えて撹拌する。
❸ 全卵をすべて加えて混ぜ終えたら、ボウルに移す。
❹ ③に①のメレンゲを加え、ゴムベラでむらなく混ぜ合わせながら、きめをととのえる。
❺ ④を絞り袋に入れ、直径6cm、深さ2cmの型に絞る。
❻ 180℃のコンベクションオーブンに入れ、ダンパーを開けて、約15分間焼成。焼き上げたら、型からはずして、焼き目を上にしてプラックの上に並べ、乾燥しないようにラップフィルムをかけて冷蔵庫に入れる。

ホワイトチョコレートのガナッシュ
Ganache blanche

ボウルにホワイトチョコレートを入れて湯煎で溶かし、沸かした生クリームを加え、泡立て器で混ぜながら乳化させる。ボウルの底を氷水にあてて冷やし、冷蔵庫に入れてひと晩ねかせる。翌日、冷蔵庫からとり出し、脱脂粉乳を合わせ、ミキサーで5分立てに。使う直前にボウルの底を氷水にあてながら、泡立て器でしっかりと9分立てまでハンドホイップする。

和グリのシャンティイ
Crème chantilly au marron japonais

❶ ミキサーボウルに和グリのペーストを入れてミキサーにセットし、ビーターで撹拌してやわらかくほぐす。濃厚な味わいに仕上げたいので、あまり空気を含ませないように、低速で撹拌する。
❷ ①に生クリームを加え、和グリのペーストをのばすようなイメージで混ぜ合わせる。
❸ 混ぜ終わりの状態。ボウルに移し、冷蔵庫に入れてひと晩ねかせる。

組立て・仕上げ
Montage, Décoration

❶ ビスキュイ・サン・ファリーヌの中央にクレーム・パティシエールを少量絞り、和グリの渋皮煮を1粒のせる。クリは食べやすいように8等分に切っておく。
❷ 口径1.2cmの丸口金をつけた絞り袋にホワイトチョコレートのガナッシュを入れ、①の和グリの渋皮煮のまわりに渦巻き状に絞って、和グリの渋皮煮をおおいかくす。
❸ 小田巻に和グリのシャンティイを詰め、クリームを押し出しながら縦にふり、②の上に和グリのシャンティイを細い麺状に絞り出す。90度向きを変えて同様に絞り、ホワイトチョコレートのガナッシュを和グリのシャンティイでおおう。
❹ 和三盆糖と粉糖を同割で合わせたものを茶漉しでふる。

Mille-crêpes au Marron Japonais

....

和栗のミルクレープ

クレープ生地とクレーム・ディプロマットを幾層にも重ねた「ミルクレープ」は、ユウジアジキのロングセラー商品。この定番に加えて同店では、秋限定でクリ粉入りの生地とマロンクリームを重ねたクリづくしのミルクレープを提供している。クリームには香り高い和グリのペーストをふんだんに使い、そのもち味を生かすよう、シンプルなシャンティイ仕立てに。生地にもクリームにもバニラなどの香りはいっさい加えず、クリ風味1本で構成している。時間をかけて粉と卵液を混ぜ合わせることで、きめ細かく、グルテンがしっかり形成された生地も、おいしさのポイント。薄く焼き上げた生地30枚強を重ねた繊細な層と、むちっとした食感、生地から醸し出されるクリ粉の風味が魅力だ。

材料（直径約20cm、1台分）

クリ粉入りクレープ生地
Pâte à crêpes au marron

全卵《œufs entiers》…193g
牛乳A《lait》…255g
グラニュー糖《sucre semoule》…58g
塩《sel》…6.5g
中力粉《farine de blé mitadin》…272g
マロンパウダー《marrons en poudre》…130g
牛乳B《lait》…384g
溶かしバター《beurre fondu》…41g

和グリのシャンティイ
Crème chantilly au marron japonais

和グリのペースト《pâte de marrons japonais》…850g
濃縮牛乳(乳脂肪分8.8%)《lait 8.8% MG》…160g
生クリームA（乳脂肪分35%）《crème fleurette 35% MG》…288g
生クリームB（乳脂肪分45%）《crème fraîche 45% MG》…288g

和グリのペーストを2種類の生クリーム、濃縮牛乳と合わせて、甘さ控えめで、クリそのものの味わいを生かしたクリームに仕上げている。

Mille-crêpes
ミルクレープ

薄く焼き上げたプレーンタイプのクレープ生地の間には、クレーム・パティシエールと泡立てた生クリームを合わせたクレーム・ディプロマット。クレープは安食シェフの得意とするケーキのひとつ。クレープの商品開発を頼まれたのを機に、生地のおいしさや食感を徹底的に追求し、自分なりのレシピを開発したという。

つくり方

クリ粉入りクレープ生地
Pâte à crêpes au marron

❶ ボウルに全卵を入れて泡立て器でときほぐし、牛乳Aを加え混ぜる。さらに、あらかじめ混ぜ合わせておいたグラニュー糖と塩を加えて、泡立て器でよく混ぜる。

❷ ハンドミキサーに持ち替えて、卵のコシが切れるまでしっかりと撹拌する。

❸ 別のボウルに中力粉とマロンパウダーを合わせてふるい入れる。ボウルをまわしながら、カードで粉をボウルにこすりつけるようにして、底から上に向かって粉を広げる。この時、ボウルの3分の2くらいの高さまで粉を引っ張り上げるようにし、中央（底部分）はまるくあけておく。

❹ ❸のボウルの中央に❷を注ぎ入れる。泡立て器で、中心から外に向かって円を描くようにしながら少しずつまわりの粉をくずし、液体と混ぜ合わせていく。きめ細かく、グルテンがしっかり形成された生地にするため、粉を少しずつ液体にとり込んで、そのつどしっかりと合わせながら、時間をかけて生地をつくる。

❺ 最初はサラサラしているが、次第に粘りが出て、まわりの粉を引っ張るようにとり込みはじめる。

❻ 粘りが出るにつれ、引く力が増してまわりの粉をとり込むペースもはやくなる。かなり粘度がついてどろっとした状態になったら、ここからはボウルを揺すって、粉を巻き込むようにしながら混ぜ込んでいく。

❼ 全体の濃度がほぼ均一になったら、最後は勢いをつけて一気に混ぜる。

❽ 仕上がりはどろりとして粘りがあり、上からたらすとある程度筋が残る。④からここまでの所要時間は約8分。

❾ ❽に牛乳Bを4回に分けて加える。最初の2回は少量ずつ加え、そのつど泡立て器でなじませながらよく混ぜる。3回目からは生地をのばすようなつもりで、ダマが残らないように注意しながら均一に混ぜ合わせる。

❿ 50～60℃の溶かしバターを小さなボウルに入れ、❾の5分の1量を加えて、乳化するまで泡立て器でていねいに混ぜる。完全に混ざったら、ふたたび❾の5分の1量程度を加える。むらのない生地に仕上げるため、この段階できちんと乳化させておくことがポイント。

⓫ ❿を❾のボウルに戻し、まんべんなく混ぜ合わせる。

⓬ ⓫を漉す。仕上がりはさらっとしてつやがある。

⓭ 容器の底を氷にあてて粗熱をとり、生地の温度を18℃前後に調整。この生地は、やすませる必要はなく、仕込んだらすぐに焼きはじめる。クレピエ（クレープパン）のまわりは温度が高いため、生地が18℃を保つよう、焼いている間も容器の底はつねに氷にあてておく。

⓮ クレピエを200～250℃に設定し、生地をレードルの7分目ほど（約50cc）とって流して、ロゼル（クレープトンボ）をくるりと360度まわして薄くまるい形にのばす（温度はクレピエの性能や、生地の状態、焼き方の好みなどで適宜調整する）。

⓯ 下の面が好みの状態に焼けたら、裏返す。

⓰ 裏返したらひと呼吸おき、ラップフィルムを敷いた網の上に移す。クレピエの上をキッチンペーパーなどでふき、次の生地を流して同様に焼き、焼けたら前の生地の上に重ねる。これを生地がなくなるまでくり返す。ここでは厚さ1mm弱と薄めに焼いているため、全部で40枚ほど。

和グリのシャンティイ
Crème chantilly au marron japonais

① ボウルに和グリのペーストを入れ、濃縮牛乳を加える。
② 木ベラでよく練り合わせる。
③ ②に2種類の生クリームを一度に加える。
④ ボウルの底を氷水にあてながら、泡立て器でまんべんなく混ぜる。
⑤ 均等に混ざったら、ボウルの底を氷水にあてたまま、泡立て器で7分立てくらいまで泡立てる。泡立て終わったら、すぐにクレープにぬる。

組立て
Montage

① クリ粉入りクレープ生地を回転台の上に1枚置き、その上に和グリのシャンティイを泡立て器で軽くひとすくいぶん（大さじ2杯分ほど）のせる。
② パレットナイフで均一な厚さにぬり広げる。挟むクリームの量は好みで加減する。
③ ②の上に生地を1枚置き、②と同様に和グリのシャンティイをぬり広げる。以降、同じ作業をくり返す。何層にするかは好みで。ちなみにここではクレープ34枚に和グリのシャンティイをぬり重ねて計67層。
④ 最後のクレープを重ねたら、まわりをぴったりとラップフィルムでおおって、ひと晩冷蔵庫でねかせてからカットする。

Tarte Citron, Caramel, Poire

....

タルト・シトロン・
キャラメル・ポワール

一見、おなじみのレモンタルトと思いきや、中に楽しいサプライズがかくれた一品。フォークを入れると、中から濃厚な塩バターキャラメルとみずみずしさをとじ込めた洋ナシのソテー、パータ・ジェノワーズ、洋ナシのオー・ド・ヴィが香るクレーム・パティシエールが次々と現れる。レモン、キャラメル、洋ナシを組み合わせたレモンタルトの進化系だ。ベースになっているのは「タルト・シトロン」。酸味のきいたレモンクリームの上に、その倍量のイタリアン・メレンゲを絞った人気商品だ。レモンクリームには、サワークリームとクレーム・ドゥーブルを合わせ、ポンポネット型で焼いたタルト生地にはアーモンドパウダーをブレンド。メレンゲの絞りにサントノレ用の口金を使ったモダンな仕上がりも特徴的だ。

材料（直径7cmのポンポネット型10個分）

パート・シュクレ・オー・ザマンド
Pâte sucrée aux amandes
（下記分量でつくり、適量を使用）
- 発酵バター《beurre》…150g
- 粉糖《sucre glace》…94g
- 塩《sel》…1g
- 全卵《œufs entiers》…43g
- バニラビーンズ《gousse de vanille》…適量Q.S
- 薄力粉《farine de blé tendre》…243g
- アーモンドパウダー《amandes en poudre》…39g

レモンクリーム
Crème au citron
- 全卵《œufs entiers》…58g
- 卵黄《jaunes d'œufs》…35g
- グラニュー糖《sucre semoule》…12g
- サワークリーム《crème aigre》…64g
- クレーム・ドゥーブル《crème double》…20g
- レモン果汁《jus de citron》…64g
- 発酵バター《beurre》…28g

キャラメル・サレ
Caramel salé
- グラニュー糖《sucre semoule》…100g
- 水アメ《glucose》…67g
- 発酵バター《beurre》…57g
- 生クリームA（乳脂肪分35%）《crème fleurette 35% MG》…113g
- 塩（フルール・ド・セル）《sel》…0.5g
- 板ゼラチン《feuilles de gélatine》…1.3g
- 生クリームB（乳脂肪分45%）《crème fraîche 45% MG》…10g

組立て・仕上げ
Montage, Décoration
- 洋ナシ《poires》…2個
- イタリアン・メレンゲ《meringue italienne》
…下記分量でつくり、適量を使用
  - グラニュー糖《sucre semoule》…300g
  - 水《eau》…90g
  - 卵白《blancs d'œufs》…150g
- パータ・ジェノワーズ《pâte à génoise》*1…適量Q.S
- クレーム・パティシエール《crème pâtissière》*2…適量Q.S
- 洋ナシのオー・ド・ヴィ(ポワール・ウィリアム)
《eau-de-vie de poire Williams》…適量Q.S
- 粉糖《sucre glace》…適量Q.S

*1 パータ・ジェノワーズの材料・つくり方は16頁参照。
*2 クレーム・パティシエールの材料・つくり方は30頁参照。

Tarte Citron
タルト・シトロン

アーモンド風味の生地、酸味とこくのある2種類のクリームを使ったレモンクリーム、焼き色部分はサクッ、中はふんわりとしたイタリアン・メレンゲ。定番中の定番ながら、タルトの形状やメレンゲの絞りを工夫し、スタイリッシュな仕上がりに。

【断面】

左が、レモンクリーム、塩バターキャラメル、パータ・ジェノワーズ、洋ナシのソテーを重ねた「タルト・シトロン・キャラメル・ポワール」。右が、レモンクリームをたっぷり詰めた「タルト・シトロン」。

つくり方

パート・シュクレ・オー・ザマンド
Pâte sucrée aux amandes

生地のつくり方は18頁参照。生地を麺棒で厚さ3mmにのばし、直径10cmのセルクルでぬく。ポンポネット型に入れ、型をまわしながら、空気が入らないように両手の親指で内側の側面を押さえるようにして、生地を密着させる。型より7mmほど高く敷き込み、いったん冷蔵庫に入れてやすませる。やすませたあとは生地が締まり、型から5mmほど出た状態に。はみ出た部分は、型の高さに合わせてパレットナイフで落とす。天板にのせて150℃のコンベクションオーブンに入れ、ダンパーを開けて25〜30分間焼成。焼き色がついたら、卵黄と水を合わせたドリュール（材料外）をぬって6〜7分間焼き、オーブンからとり出す。

レモンクリーム
Crème au citron

❶ ボウルに全卵と卵黄を入れて泡立て器でときほぐし、グラニュー糖を加えて混ぜる。
❷ 別のボウルにサワークリーム、クレーム・ドゥーブルを入れ、泡立て器で軽く練り合わせる。①を4～5回に分けて加え、そのつど、なめらかになるまでよく混ぜる。
❸ きれいに混ざったら、レモン果汁を加えて泡立て器でまんべんなく混ぜる。
❹ バターをボウルに入れて湯煎で溶かし、③を少量加えて泡立て器でよく混ぜてから、③のボウルに戻してなめらかになるまで混ぜ合わせる。
❺ 最後にハンドミキサーで30秒間程度混ぜてしっかり乳化させる。
❻ ストレーナーで漉す。このクリームは前日に仕込み、冷蔵庫でひと晩ねかせてから使用する。

キャラメル・サレ
Caramel salé

❶ 鍋にグラニュー糖を入れて火にかけ、グラニュー糖が溶けて黄色っぽくなってきたら水アメを加えて木ベラで混ぜ合わせる。
❷ 180～190℃（ブロンド色に変化した状態）になったら火を止め、バターを3～4回に分けて加える。1回加えるたびに木ベラでしっかりと混ぜる。
❸ 50～60℃に温めた生クリームAを3～4回に分けて加え、そのつど木ベラでしっかりと混ぜ合わせる。混ぜ終わりはさらりとしたダークな液状で、つやがある。温度は90℃前後が理想的。
❹ ③を火からおろして塩を加え、塩が完全に溶けるまで木ベラでよく混ぜる。ここではフルール・ド・セルを麺棒でつぶしてから使用している。
❺ ④を、熱いうちにストレーナーで漉す。冷めると固まるので、火からおろしたら手ばやく作業を進めること。
❻ 水（材料外）で戻した板ゼラチンの水けをきって⑤に加え、ゴムベラで溶かし合わせる。
❼ 30℃くらいまで冷ましたら生クリームBを加え、ゴムベラで混ぜる。

組立て・仕上げ
Montage, Décoration

❶ ひと晩ねかせたレモンクリームを、空焼きしたパート・シュクレ・オ・ザマンドの8分目の高さまで流し、140℃のコンベクションオーブンで6〜8分間焼成する。

❷ 焼き上がりの状態。レモンクリームの分量が少ないので、火の入れすぎに注意する。あらかじめ生地を温めておくと、焼成時間を短縮できる。

❸ タルトを焼いている間に洋ナシのソテーを準備する。洋ナシは皮つきのまま使い、種をとって12等分に切る。

❹ フライパンにバター（材料外）をたっぷり入れて熱し、③を加える。バターを含ませるようにしながら両面、および皮側からもじっくり火を入れる。むらのない仕上がりにするため、ここでは200℃にセットした電磁調理器を使用。焼き上がったら冷蔵庫に入れて粗熱をとる。

❺ ②をオーブンからとり出し、粗熱がとれたらキャラメル・サレをタルトの縁まで注ぎ、冷蔵庫で冷やす。

❻ ⑤を冷やしている間にイタリアン・メレンゲをつくる（35頁参照）。

❼ 厚さ5mmにスライスしたパータ・ジェノワーズを直径6cmのセルクルでぬく。ジェノワーズは切り落としなどを利用するとよい。

❽ ⑦を⑤の上に、ふたをかぶせるようにしてのせる。

❾ ⑧の上に④の洋ナシのソテーを2つずつ、皮側を外に向けて置く。

❿ クレーム・パティシエールに洋ナシのリキュールを加えて混ぜ、直径7mmの丸口金をつけた絞り袋に入れ、⑨の中心にまるく絞る。

⓫ ⑩の上に、⑦と同様に、まるくぬいたパータ・ジェノワーズをのせる。

⓬ 表面をおおうように、⑥のイタリアン・メレンゲをたっぷり絞る。ここではサントノレ用の口金を使用。

⓭ ⑫の上に、目の細かいふるいなどで粉糖をふるう。

⓮ 220℃のコンベクションオーブンに入れ、ダンパーを開けて1分間ほど焼き、天板の前後を入れ替えてさらに1分間焼成（焼き時間は計2分間程度）。メレンゲにきれいな焼き色がついたら完成。

ユウジ・ジュキの定番菓子 ｜ タルト・ジャロン・キャラメル・ボワール

Tarte Linzer aux Raisins, Figues, Cassis
....
ナガノパープル、イチジク、カシスのリンツァートルテ

リンツァートルテはオーストリア・リンツ発祥。17世紀にはすでに存在していたという歴史的名菓だ。つくり手によりレシピはさまざまだが、基本的にはアーモンドパウダーとシナモンを加えた生地にフランボワーズジャムをのせ、タルトと同じ生地を格子状に絞って焼いたもの。本来は生地部分が大半のどっしりとした焼き菓子だが、伝統を踏まえつつ、フレッシュなプチガトーに仕上げたところが安食流。底と側面は薄めにのばしたシナモン風味のリンツァー生地、中はシナモン入りのクレーム・ダマンドとドライイチジクのマリネ、甘ずっぱいカシスのコンフィチュールを重ね、上にもクレーム・ダマンドを絞って焼成。チーズクリームとみずみずしいナガノパープルをぜいたくにあしらった古典菓子の進化系。

材料（直径15cm、高さ4cmのセルクル2台分）

パータ・リンツァー
Pâte à Linzer

- 卵黄《jaunes de œufs》…8個分
- （全卵を固ゆでにし、白身をとり除いておく）
- 発酵バター《beurre》…280g
- アーモンドパウダー《amandes en poudre》…50g
- 粉糖《sucre glace》…60g
- ラム酒《rhum》…14g
- 薄力粉《farine de blé tendre》…300g
- シナモンパウダー《cannelle en poudre》…4g
- ベーキングパウダー《levure chimique》…1.5g

シナモン風味のクレーム・ダマンド
Crème d'amandes à la cannelle

- 発酵バター《beurre》…200g
- 粉糖《sucre glace》…200g
- シナモンパウダー《cannelle en poudre》…8g
- 全卵《œufs entiers》…190g
- アーモンドパウダー《amandes en poudre》…200g

チーズクリーム
Crème au fromage

- クリームチーズA（デンマーク産「ブコ」）
  《fromage à la crème Buko》…130g
- クリームチーズB（フランス産「キリ」）
  《fromage à la crème Kiri》…50g
- サワークリーム《crème aigre》…15g
- 練乳(無糖)《lait concentré non sucré》…24g
- グラニュー糖《sucre semoule》…8g
- 生クリーム(乳脂肪分45％)
  《crème fraîche 45% MG》…189g

ドライイチジクのマリネ
Figues séches marinée

- （下記分量でつくり、適量を使用）
- ドライ黒イチジク《figues noires séchées》…500g
- 赤ワイン《vin rouge》…250g
- クレーム・ド・カシス《crème de cassis》…25g

カシスのコンフィチュール
Confiture de cassis

- （下記分量でつくり、適量を使用）
- カシス(冷凍)《cassis surgelées》…500g
- グラニュー糖《sucre semoule》…250g
- ドライイチジクのマリネ液
  《marinade de figue séchée》…適量Q.S

組立て・仕上げ
Montage, Décoration

- ブドウ《raisins》…適量Q.S
- （ナガノパープルまたは巨峰など大粒のブドウ）
- グラサージュ*《glaçage》…適量Q.S

*グラサージュのつくり方（つくりやすい分量）

- 粉寒天《agar-agar en poudre》…32g
- 水《eau》…3600g
- グラニュー糖《sucre semoule》…720g
- 水アメ《glucose》…800g

鍋に粉寒天と水を入れて煮溶かす。グラニュー糖を加えて沸騰させ、水アメを加えて溶かす。

つくり方

ドライイチジクのマリネ
Figues séches marinée

容器にドライ黒イチジクを入れ、赤ワインとクレーム・ド・カシスを加える。表面にぴったりと密着させるようにラップフィルムをかけ、24時間以上おく。

カシスのコンフィチュール
Confiture de cassis

冷凍のカシスにグラニュー糖をからめ、そのまま室温で解凍。これを銅ボウルに入れ、ドライイチジクのマリネ液を加えて火にかけ、糖度62％まで煮詰める。カシスは炊く前に泡立て器などでつぶしておくとよい。

パータ・リンツァー
Pâte à Linzer

❶ 卵黄を裏漉し器にのせて木ベラで裏漉しする。
❷ ボウルに室温に戻したバターを入れて木ベラで軽く練り、裏漉しした卵黄を加えて全体がなじむまで混ぜる。
❸ アーモンドパウダーと粉糖を合わせてふるい、②に加える。ボウルをまわしながら、木ベラで底からすくい返すようにして、まんべんなく混ぜる。
❹ ラム酒を加えて木ベラでよく混ぜる。
❺ 薄力粉とシナモンパウダー、ベーキングパウダーを合わせてふるったものを加え、ゴムベラで切るように混ぜる。
❻ 粉けがなくなったらカードに持ち替え、ボウルにこすりつけるようにしながら全体をなじませる。
❼ OPPフィルム（またはラップフィルム）の上に移し、手粉をしてたたくようにしながら厚さ約1.5cmの正方形にのばす。上からもOPPフィルムをかぶせて形をととのえ、冷蔵庫に入れてひと晩ねかせる。

シナモン風味の
クレーム・ダマンド
Crème d'amandes à la cannelle

❶ バターを室温に戻し、ボウルに入れて泡立て器でつやのあるマヨネーズ状に練る。
❷ 粉糖とシナモンパウダーを加え、全体がねっとりとするまでまんべんなく混ぜる。
❸ ほぐした全卵を5〜6回に分けて加え、そのつど泡立て器でよく混ぜ合わせる。
❹ ふるったアーモンドパウダーを加え、ボウルをまわしながら、ゴムベラを斜めに入れて切るようにして混ぜる。
❺ 均一な状態になったら、余分な空気がぬけて全体がなじむまで、冷蔵庫で1時間以上やすませる。

チーズクリーム
Crème au fromage

❶ ミキサーボウルに2種類のクリームチーズとサワークリームを入れ、ビーターをつけたミキサーにセットし、低速で撹拌する。全体がまんべんなく混ざったら、いったんミキサーを止めて、ボウルの内側側面やビーターについたチーズクリームをはらって底にまとめる。
❷ あらかじめ合わせておいた練乳とグラニュー糖を①に加え、ふたたび低速で撹拌する。
❸ 全体がむらなく混ざったら、再度ミキサーを止めてビーターやボウル内側のクリームをはらう。ビーターが当たっている部分とそうでない部分では練り方にむらができるため、つねに全体が均一な状態になるよう、こまめに止めてこの作業を行うこと。次第になめらかな状態に。
❹ 生クリームを加えてふたたびミキサーをまわす。
❺ 徐々につやととろみが出て、さらになめらかな状態になったら（写真）、ミキサーボウルをミキサーからはずし、最後は手作業で調整。泡立て器の先をボウルの底につけたまま、空気を入れないようにして全体をむらなく混ぜ合わせる。

組立て・仕上げ
Montage, Décoration

❶ ひと晩ねかせたパータ・リンツァーを厚さ5mmにのばす。直径15cmのセルクルで生地をぬき、残りの生地を幅2.5cm×47cmの帯状にカット。それぞれ2枚ずつ準備する。天板にシルパンをのせ、セルクルをセット。まるくぬいた生地を型の底に入れ、帯状の生地を内側側面に沿わせ、底の生地をフォークでピケする。
❷ シナモン風味のクレーム・ダマンドを冷蔵庫からとり出して木ベラで軽くほぐしてから、口径1cmの丸口金をつけた絞り袋に入れ、中心から外に向かって渦巻き状に絞る。絞る量は1台につき約120g。
❸ ドライイチジクのマリネを縦2つに切り、断面を上に向けてクレーム・ダマンドの上に並べる。この際、隙間ができないよう、イチジクを軽く傾けて端を重ねつつ、外から中心に向かって渦巻き状にぐるりと並べていく。なお、ドライイチジクのマリネは、ストレーナーに入れて水けをきってから、電子レンジで40℃くらいまで温めておく。こうすることにより、焼成時に中心部まではやく均一に火が入る。
❹ ③の上にカシスのコンフィチュールを広げる。多少隙間ができてもかまわない。
❺ ④の上にシナモン風味のクレーム・ダマンドを絞り、表面をおおう。絞る量は②と同じく1台につき約120g。
❻ 150℃のコンベクションオーブンに入れ、ダンパーを開けてまず25分間、さらに天板の前後を入れ替えて25分間焼き、焼き色を見て必要ならさらに10分程度火を入れる。トータル50分〜1時間。焼成後、型をはずして網にのせ、粗熱がとれるまで室温で冷ます。
❼ 口径9mmの丸口金をつけた絞り袋にチーズクリームを入れ、粗熱がとれたリンツァートルテの表面に、中心から外に向けて渦巻き状に絞る。
❽ 波刃包丁で8等分にし、縦2つにカットしたブドウを飾る。ブドウにグラサージュを刷毛でぬって完成。

Kardinal schnitten

....

カーディナルシュニッテン

カーディナルシュニッテンはウィーンの伝統菓子で、その名前の意味は「枢機卿の菓子」。シュニッテンは「切る」という意味のほか、円形のトルテに対して四角く仕上げたケーキを指す。枢機卿にちなみ、カトリックの象徴色である黄色と白を配した専用の生地、カーディナルマッセを使う点が特徴だ。黄色の部分は卵黄を多めに使ったジェノワーズ。白い部分は粉をいっさい加えず、卵白とグラニュー糖のみで仕上げたメレンゲ。この生地は軽くて繊細なぶん、時間とともに高さが落ちやすいのが難点。軽い食感のままいかに形状を保持できるかがポイントだ。2枚の生地の間にホワイトチョコレートを加えたコーヒークリームをサンド。軽く上品な食感に加え、コーヒーとシナモンの香りの相乗効果も魅力だ。

材料（37cm×8cm、1台分）

カーディナルマッセ
Kardinal massé

メレンゲ《meringue française》
- グラニュー糖《sucre semoule》…95g
- 乾燥卵白《blancs d'œufs séchés》…4g
- 卵白《blancs d'œufs》…138g

パータ・ジェノワーズ《pâte à génoise》
- 全卵《œufs entiers》…100g
- 卵黄《jaunes d'œufs》…34g
- グラニュー糖《sucre semoule》…25g
- 乾燥卵白《blancs d'œufs séchés》…1g
- 薄力粉《farine de blé tendre》…25g

粉糖《sucre glace》…適量Q.S

コーヒー風味のクリーム
Crème au café

ホワイトチョコレート（ヴァローナ「イボワール」）
《chocolat blanc》…30g
生クリームA（乳脂肪分40％）《crème fraîche 40％ MG》…50g
生クリームB（乳脂肪分40％）《crème fraîche 40％ MG》…250g
インスタントコーヒー《café soluble》…3.5g
シナモンパウダー《cannelle en poudre》…適量Q.S

組立て・仕上げ
Montage, Décoration

粉糖《sucre glace》…適量Q.S

上はメレンゲ、下はパータ・ジェノワーズの材料。卵は黄身の色が濃い「那須御養卵」。しぼみやすい生地なのでいずれも乾燥卵白を使用している。

つくり方

カーディナルマッセ
Kardinal massé

❶ メレンゲをつくる（34頁参照）。ツノがしっかり立ち、きめ細かく、安定したメレンゲになるまで泡立てる。

❷ ①の作業と並行してパータ・ジェノワーズを仕込む。ミキサーボウルに全卵と卵黄を入れ、卵のコシを切るように泡立て器で軽く混ぜる。

❸ 別のボウルにグラニュー糖と乾燥卵白を入れ、混ぜ合わせてから②に加える。ミキサーにセットし、高速で泡立てる。

❹ ふんわりしてきたら速度を1段階落として3分間まわし、さらに1段階落として3分間まわす。この行程をくり返し、計4段階ほど落として、最後は低速で撹拌。徐々にきめ細かく、ふっくらとした生地にする。

❺ ④をボウルに移し、ふるった薄力粉を加え、ボウルをまわしながら、底から返すようにして混ぜる。できれば、粉を入れつつ同時進行で混ぜられるよう、2人で行う。

❻ 混ぜ終わりはつややかで、すくい上げるとツーッと生地が落ち、落ちた生地の跡がひと呼吸おいて消えていくくらいがベスト。

❼ パータ・ジェノワーズの仕込みが終わるまでに、①のメレンゲを絞っておく。天板にオーブンペーパーを敷き、仕上がりの大きさに合わせて線を描いておく（同店では37cm×8cmのカードルを利用）。口金をつけた絞り袋にメレンゲを入れ、描いた線の長辺を手前にして、横に3本絞る。このとき、間にジェノワーズを絞ることを考慮し、間隔をあけて3本絞るようにする。なお、口金は丸口金を使ってもよいが、ここでは高さが出るよう、オリジナルのトンネル形の口金を使用。

❽ メレンゲを絞ったら、上から粉糖をたっぷりとふる。

❾ 直径1cmの丸口金をつけた絞り袋にパータ・ジェノワーズを入れ、メレンゲの間に絞り、粉糖をふる。

❿ ⑨の天板の下にもう1枚天板を重ね、上火・下火ともに180℃の平窯で20分間焼成。この時、ダンパーを開け、さらに扉にダンボールなどを挟んで隙間をつくっておく。15分間焼いたところで、下の天板をはずし、天板の前後を入れ替えてさらに焼成。焼きはじめから18分間ほど経ったら、表面の焼き色をチェックし、必要に応じて火力を調節する。写真は焼き上がりの状態。

⓫ 焼き上がったら、長辺が37cm以上あるプラックなどを裏返して、オーブンペーパーごと生地を移す。紙の端を折り返してしっかりとクリップでプラックにとめる。

⓬ 生地の高さの倍以上ある型などの上にプラックごと返して、生地が下になるようにしてのせる。この時、くれぐれも型が生地にふれないよう注意すること。この状態でブラストチラーに入れて粗熱をとる。逆さにして粗熱がとれるまでおくのは、メレンゲがしぼむのを防ぎ、きれいな形に仕上げるため。

⓭ 粗熱がとれたらブラストチラーからとり出し、生地を上に向けてクリップをはずし、冷蔵庫に入れておく。

コーヒー風味のクリーム
Crème au café

❶ ボウルにホワイトチョコレートを入れて湯煎で溶かす。沸かした生クリームAを6回くらいに分けて加え、泡立て器でよく混ぜ合わせながら乳化させていく。最初は分離するので少しずつ加え、3～4回目で全体がつながりとろりとしてきたら、あとは多めに加えていく。仕上がりはつやがあり、マヨネーズのような状態。

❷ ①に生クリームBの約4分の1量を加えてよくなじませる。

❸ ボウルの底を氷水で冷やしながら残りの生クリームを加え、混ぜながら約10℃まで温度を下げ、冷蔵庫に入れてひと晩ねかせる。

❹ 冷蔵庫から③をとり出して、インスタントコーヒーとシナモンパウダーを加える。ボウルの底を氷水にあてながら、泡立て器で混ぜる。

❺ 9分立てくらいまでしっかりと泡立てる。

組立て・仕上げ
Montage, Décoration

❶ 冷蔵庫からカーディナルマッセをとり出し、生地を下にして板の上に置き、紙をはがす。
❷ 口径1cmの丸口金をつけた絞り袋にコーヒー風味のクリームを入れ、片方の生地の上面に2層に絞る。カットしたときに中央が高くなるよう、下段は5本、上段はその中央に3本絞る。
❸ ②の上にもう1枚の生地を、焼き面を上にしてのせる。
❹ オーブンペーパーをすしの巻き簀のように使って形をととのえる。ただし、ロールケーキやのり巻きのように断面が円形ではないので、もとの形状を壊さないように注意する。また、強く押すとクリームが飛び出すので、軽く押さえる程度にする。
❺ 紙をはずしてパータ・ジェノワーズの上にバールなどを置き、メレンゲの上にだけ粉糖をふる。
❻ 包丁で幅2.7cmに切り分ける。

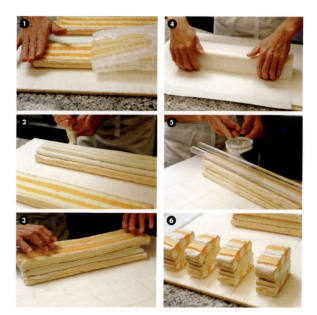

Forêt-noire

....

フォレ・ノワール

「黒い森」という名のフランス・アルザス地方の郷土菓子。もともとは隣接するドイツ南西部で生まれ、生地とザーネクリーム、チェリーを重ねたものだが、安食シェフは2色のクリームを使ったアルザス式のスタイルを踏襲。正確には「ジャック」のオーナーシェフ、ジェラール・バンヴァルト氏の構成を参考にしている。底は濃厚なビスキュイ・サッシェ、上は軽めのチョコレート生地。全体のバランスを考え、生地は2タイプを使った。間にはグリオットチェリーのコンポートとシャンテイイ・オ・ショコラ。上にはシャンティイとチョコレートのコポーを配し、モダンなデザインに。「キルシュのおいしさを実感する菓子です」と言う安食シェフの言葉どおり、味わいを引き立てるキルシュの底力も見逃せない。

材料 （37cm×27cmのカードル2台分）

ビスキュイ・サッシェ
Biscuit Sacher

→26頁参照。

ビスキュイ・オー・ザマンド・エ・ショコラ
Biscuit aux amandes et chocolat

全卵A《œufs entiers》…825g
グラニュー糖《sucre semoule》…528g
乾燥卵白《blancs d'œufs séchés》…18g
ローマジパン《pâte d'amandes crue》…413g
全卵B《œufs entiers》…413g
薄力粉《farine de blé tendre》…413g
カカオパウダー《cacao en poudre》…163g
溶かしバター《beurre fondu》…248g

シャンティイ・オ・ショコラ
Crème chantilly au chocolat

板ゼラチン《feuilles de gélatine》…13g
生クリーム(乳脂肪分35％)《crème fleurette 35% MG》…1520g
ブラックチョコレート
(不二製油「フロルデカカオ サンビラーノ07」・カカオ分66％)
《chocolat noir 66% de cacao》…324g
ミルクチョコレート(ヴァローナ「ジヴァラ・ラクテ」・カカオ分40％)
《chocolat au lait 40% de cacao》…236g

グリオットチェリーのコンポート
Compote de griottes

グリオットチェリー(冷凍)《griottes surgelées》…3000g
グラニュー糖《sucre semoule》…900g

組立て・仕上げ
Montage, Décoration

グリオットチェリーのコンポートのシロップ
《sirop de compote de griottes》…1000g
キルシュ《kirsch》…70g
クレーム・シャンティイ《crème chantilly》*1…適量 Q.S
チョコレート・コポー《copeaux de chocolat》*2…適量 Q.S

*1 クレーム・シャンティイは、乳脂肪分42％と乳脂肪分35％の生クリームを同割で合わせ、10％量のグラニュー糖を加えて9分立てにする。
*2 セルクルなどを利用して、ブロックのチョコレートを薄く削ってつくる。

つくり方

ビスキュイ・サッシェ
Biscuit Sacher

生地のつくり方は26頁参照。37cm×27cmのカードルに生地を830gずつ流す。175℃の平窯で約30分間焼く。

ビスキュイ・オー・ザマンド・エ・ショコラ
Biscuit aux amandes et chocolat

生地のつくり方は24頁参照。170℃の平窯で約40分間焼成。厚さ1cmにスライスし、カードルのサイズに合わせて余分を切り落とす。

シャンティイ・オ・ショコラ
Crème chantilly au chocolat

❶ ボウルに水(材料外)に浸けて戻した板ゼラチンを入れて湯煎にかけ、ゼラチンを溶かす。6分立てにした生クリームの10分の1量を加え、底を軽く直火にあてて、よく混ぜながら完全に溶かし合わせる。
❷ ボウルに2種類のチョコレートを入れ、湯煎にかけて溶かし、①を加えて泡立て器でよく混ぜる。乳化して全体がなめらかにつながり、50℃になったら湯煎からおろす。
❸ 残りの生クリームを3回に分けて加える。1回目は5分の1量程度、2回目はそれよりやや多めに加え、そのつど泡立て器で混ぜる。
❹ 生クリームをすべて加えたら、ボウルをまわしながら、泡をつぶさないようにゴムベラで切るようにして混ぜる。

グリオットチェリーのコンポート
Compote de griottes

❶ ボウルに冷凍のグリオットチェリーを入れ、グラニュー糖をまぶして半日ほど室温に置き、離水させる。
❷ 漉し器で果肉と汁を分ける。
❸ 鍋に汁を入れてひと煮立ちさせる。
❹ 沸いたら（約80℃）果肉を入れ、再度約80℃まで加熱する。
❺ 火からおろしてボウルに移し、ボウルの底を氷水にあて、ゴムベラで混ぜながら15℃まで冷やす。容器に入れて冷蔵庫で保存しておく。

組立て・仕上げ
Montage, Décoration

❶ 焼き上げたビスキュイ・サッシェは、完全に冷ましてからカードルをはずし、焼き目を裏にして、再度カードルをはめる。
❷ ①の上面にシロップをぬる。シロップは、グリオットチェリーのコンポートの果肉をとり除いた汁にキルシュを混ぜたもの。このあと、ビスキュイ・オー・ザマンド・エ・ショコラの両面にもこのシロップをぬるので、配分を考えながらぬるようにする。
❸ ビスキュイ・オー・ザマンド・エ・ショコラをブラックの上にのせ、片面にシロップをぬる。ラップフィルムをかけて冷蔵庫に入れてやすませておく。
❹ ②のビスキュイ・サッシェの上に、汁けをきったグリオットチェリーのコンポートを隙間なくのせる。
❺ シャンティイ・オ・ショコラを④の上に流し、カードで表面を平らにならす。
❻ ③のビスキュイ・オー・ザマンド・エ・ショコラを冷蔵庫からとり出し、シロップをぬった面を下にして、⑤の上にかぶせる。
❼ 上面に残りのシロップをぬり、冷凍庫に入れて冷やし固める。
❽ 長辺を幅7.4cmに切ってラップフィルムに包んで冷凍保存しておく。
❾ ショーケースに出す前に、サントノレ用の口金でクレーム・シャンティイを絞る。
❿ 幅2.7cmにカットする。セルクルでカーブを描くように薄く削ってつくったチョコレート・コポーを飾る。

SHOP

店づくり

　2010年5月にオープンした「スイーツガーデン ユウジ アジキ」。店名に「スイーツガーデン」と冠したのは、「たくさんの菓子に彩られた、楽しく居心地のよい『スイーツの庭』でありたい」という安食シェフの思いから。店づくりはもちろん、包材の色やデザインもすべて安食シェフみずから考え、デザイナーや包材業者の力を借りて一つひとつかたちにしていったという。

　店舗面積は約34坪。売り場と厨房を半分に仕切り、約17坪の売り場には横一列にギフト用、チョコレート用、おやつ菓子用、生菓子用、アントルメ用のショーケースが並ぶ。外観の外壁は、ヨーロッパ調の落ち着いた薄いベージュ。建築家が使う膨大な色見本を参考に、「フランスの伝統色」からひさしには鮮やかなピスタチオグリーンを、入口の扉まわりや窓枠にはフラマンローズピンクを採用した。「ピンクの色が既存のものでは満足できず、結局、シルクスクリーンを使って色校正をかけるなど、オリジナルでつくりました」と安食シェフ。さらに入口正面の棚は、このピンクをベースに5枚の扉がそれぞれ違う発色になっているという遊びも。「基本的にはベーシックで飽きのこないデザインを心がけ、そこにオリジナリティを盛り込んで仕上げました」という言葉は、そのまま安食シェフの菓子づくりにも共通している。

　「AJIKI」のAと、「YUJI」のYを組み合わせたロゴは、上下どちらからでも同じに見えるようにデザイン。包装紙や手提げ袋は、細いオレンジの円が4つ重なったような模様で、これも日本古来の七宝文様をとり入れたオリジナル。ショップカードのイラストや、ロールケーキ専用箱の筆文字も、すべて安食シェフの手によるもの。ショーケースに並ぶ菓子はもちろん、店づくりの細部にも"安食スタイル"を見つけることができる。

緑豊かな公園の前に立地。窓やエントランスなど、外観のデザインはヨーロッパのブティックをイメージしている。鮮やかなピンクの扉が印象的。

生菓子、半生菓子、チョコレート用ショーケースが横一列に並んだ店内。生菓子のショーケースの上には約10種類のヴィエノワズリーも。

店内中央の壁に配したロゴの一部や「AJIKI」の「A」の部分には、本物のスワロフスキーがはめ込まれている。

ロールケーキやスフレチーズケーキなどの"おやつ菓子"は、手にとりやすく、子どもでも見やすいよう、オープンケースに陳列している。

入口右手には焼き菓子用の陳列棚を設置。波のような曲線を描く棚もこだわりのひとつ。壁には色鮮やかな絵画やサーフボードを飾る。

ショップカードはシェフ直筆イラスト入り。絵柄の女の子は"表現者"として尊敬する「ドリームズ・カム・トゥルー」の吉田美和さんをイメージ。

厨房全体が見わたせる中央のコールドテーブルが安食シェフの定位置。

KITCHEN

......

厨房

　外光が入る明るい厨房は約17坪。安食シェフが厨房づくりでもっとも重視したのは、動線と設備機器の配置だ。大型冷蔵設備とパート・フイユテなどを仕込むリバースシーターは、オーブンからもっとも離れた位置に設置。また、台下冷蔵庫（コールドテーブル）の位置を最初に決めてから、ほかの作業台や縦型冷蔵庫などを配置し、空いたスペースに特注の作業台兼収納棚を据えた。

　「コールドテーブルは冷蔵設備であり、作業スペースでもある」と安食シェフが言うように、製造途中のケーキを短時間保管したり、焼き上がった生地ですぐに使いたいものを入れておき、ムースやクリームの準備ができたらとり出して仕上げたり、作業台の下の冷蔵庫は効率的に作業を進めるうえで欠かせない。一方、プリンなどを冷やし固める時はブラストチラー、ケーキの保管は保管庫としても機能するショックフリーザー、生クリームやバターなどの素材は縦型冷蔵庫に、という具合に、冷凍・冷蔵機器は用途に合わせて使い分けている。

　シンクは、中央の作業台を挟んで、左右の壁側の中心近くにそれぞれ配置。シンクと作業台は、スタッフ全員が日に何度も行き来するので、互いに近い位置にあり、厨房内を横切らずにすむように配慮した。また3台ある縦型冷蔵庫のうち1台は、ショーケースに出すケーキのストック用として厨房の入口脇に置き、やはり厨房を横切らずに生菓子の補充ができるようにしている。

　そしてもっともこだわって選んだのがオーブン。とくに平窯（デッキオーブン）は、自身が思う最高のものを探し求めてリサーチを重ね、現在の石窯式のものに巡り合ったという。「これまで国産の窯は、ジェノワーズなどしっとり焼くものに長け、フランス製の窯は、ハード系のパンやパイなど、表面を固めつつ乾かすように焼くものに向いていました。このオーブンは、そのいずれも兼ね備えていたのがいちばんの決め手です」と安食シェフ。過去に勤めた店舗での経験と、自身の菓子づくりを考慮しながら、理想の厨房をつくり上げている。

オーブンの前は、オーブンで焼成する生地の仕込みスペース。仕込みと仕上げの作業コーナーを分けている。

平窯（デッキオーブン）は、ツジ・キカイの石窯「エレガンス」。YUJI AJIKI×TSUJI-KIKAIの文字が入った「アジキモデル」。

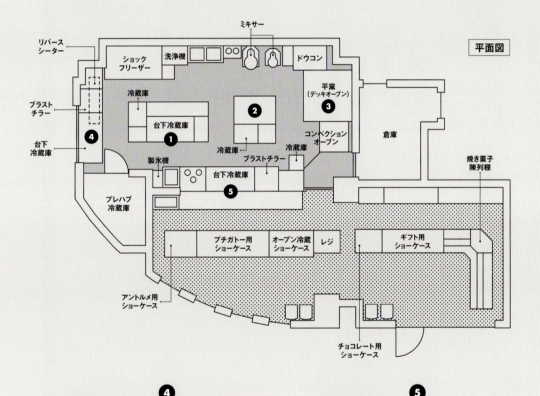

公園に面した西側の窓は大きく開くように設計。毎年5月の開店記念日には、この窓を開けてクレープを販売している。

売り場に面した壁には大きく窓をとり、店内が見わたせる設計に。ショーケースの中のケーキの売れ行きも確認できる。

CHAPTER

③

Original

ユウジアジキのオリジナル菓子

ショーケースの中でとりわけお客の目を惹きつけているのが、
「ジヴァラ」や「サオトボ・ルージュ」をはじめとする
独創的なデザインのケーキ。
ひと目で「ユウジアジキの菓子」とわかる看板商品です。
もちろん、味の構成も個性的です。

Ajiki WONDERLAND!

Jivara

....

ジヴァラ

名前のとおり、ヴァローナ社の「ジヴァラ・ラクテ」を使ったミルクチョコレートのガナッシュ、その下は小麦粉の入らないマロンのケイク生地、底はフイアンティーヌ・オ・ショコラ。マロンのケイク生地は、安食シェフがヴァローナ・ジャポンで研修をしていた当時、同社のシェフを務めていたサントス・アントワーヌ氏考案のレシピに影響を受け、それを自分なりにアレンジしたものだ。大きなチョコレートのコポーを配したフォルム自体は、安食シェフがパティシエになった当初からイメージがあったそう。くるりと形づくったコポーは、溶けやすく壊れやすいため、竹串や手でそっとつまんでケーキに飾っている。チョコレート＆マロンの黄金の組合せとともに、美しい表情の陰にかくれる繊細な作業も味わいたい。

材料（37cm×27cmのカードル2台分）

パータ・ケイク・オ・マロン
Pâte à cake au marron

マロンペースト《pâte de marrons》…880g
発酵バター《beurre》…319g
全卵《œufs entiers》…149g
卵黄《jaunes d'œufs》…440g
ベーキングパウダー《levure chimique》…18.5g

ミルクチョコレートのガナッシュ
Ganache lait

クレーム・アングレーズ《crème anglaise》
├ 牛乳《lait》…1000g
├ 生クリーム（乳脂肪分35％）
│ 《crème fleurette 35％ MG》…1000g
├ グラニュー糖《sucre semoule》…105g
└ 卵黄(加糖20％)《jaunes d'œufs 20％ sucre ajouté》…508g
板ゼラチン《feuilles de gélatine》…22g
ミルクチョコレート
（ヴァローナ「ジヴァラ・ラクテ」・カカオ分40％）
《chocolat au lait 40％ de cacao》…1263g
ラム酒《rhum》…16g

フイアンティーヌ・オ・ショコラ
Feuillantine au chocolat

ブラックチョコレート（ヴァローナ「カライブ」・カカオ分66％）
《chocolat noir 66％ de cacao》…198g
プラリネペースト《praliné》…553g
フイアンティーヌ《feuillantine》…497g

組立て・仕上げ
Montage, Décoration

サオトボ・クリーム《crème Saotobo》*¹…適量Q.S
カカオパウダー《cacao en poudre》…適量Q.S
チョコレート・コポー《copeaux de chocolat》*²…適量Q.S

*1 サオトボ・クリームの材料・つくり方は111、113頁参照。
*2 セルクルなどを利用して、ブロックのチョコレートを薄く削ってつくる。

つくり方

パータ・ケイク・オ・マロン
Pâte à cake au marron

❶ フードプロセッサーに、冷やしておいたマロンペーストとバターを細かくちぎって入れ、混ぜ合わせる。
❷ ①をミキサーボウルに移し、いったん冷蔵庫に入れて冷やす。この時、ゴムベラで生地をボウルの底や側面にすりつけ、すり鉢状にしておくと冷えやすい。
❸ ②をミキサーにセットし、中速で約5分間撹拌する。空気をたっぷり含ませてオーバーランの状態に。
❹ ボウルに全卵と卵黄を入れてときほぐし、③に少量ずつ、数回に分けて加え混ぜる。
❺ 卵を混ぜ終えたらベーキングパウダーを加え、さらに撹拌する。
❻ ⑤をボウルに移し、ゴムベラで混ぜてきめをととのえる。
❼ 天板を2枚用意し、オーブンペーパーを敷いてカードルをのせ、⑥を流す。
❽ カードで表面を平らにならす。
❾ 上火・下火ともに180℃の平窯で、約30分間焼成する。
❿ 生地を完全に冷ましてから、カードルと生地の接する部分にペティナイフを入れてカードルをはずし、焼き目を上にして、再度型をはめる。

ミルクチョコレートのガナッシュ
Ganache lait

❶ 鍋に牛乳と生クリーム、グラニュー糖を入れて中火にかけ、沸いたら卵黄と合わせてクレーム・アングレーズをつくる。
❷ ①に水（材料外）に浸けて戻した板ゼラチンを加え、木ベラで混ぜて溶かす。
❸ 鍋の底を流水にあて、温度を55℃まで下げる。
❹ ストレーナーで漉しながらボウルに移す。
❺ 別のボウルにチョコレートを入れて湯煎で溶かし、④を少量ずつ、数回に分けて加え、そのつどしっかりと混ぜて乳化させる。
❻ ④をすべて入れ終えたら、ラム酒を加え混ぜる。
❼ 8割方混ぜ合わせたところでフードプロセッサーに入れ、真空状態にして撹拌する。気泡が細かくなり、よりなめらかに仕上がる。

フイアンティーヌ・オ・ショコラ
Feuillantine au chocolat

❶ ボウルにチョコレートを入れて湯煎で溶かし、プラリネペーストを加えて木ベラでよく混ぜる。
❷ ①にフイアンティーヌを加え、よく混ぜる。フイアンティーヌにチョコレートがよくからむように、温度が30℃以下にならないように注意する。
❸ プラックを2枚用意し、それぞれにOPPフィルムを敷いてカードルをのせ、②を620gずつ入れる。ヘラとパレットナイフを使って、カードルに均等に敷き詰める。

組立て・仕上げ
Montage, Décoration

❶ カードルにはめたパータ・ケイク・オ・マロンの上にミルクチョコレートのガナッシュを1850gずつ流し、冷凍庫に入れて冷やし固める。
❷ 別のカードルに敷き詰めたフイアンティーヌ・オ・ショコラの上にサオトボ・クリームをぬって①をマロン生地を下にしてのせ、長辺を幅7.4cmに切って5等分し、ラップフィルムに包んで冷凍保存しておく。ショーケースに出す前に、幅2.7cmにカットする。
❸ 上面にサオトボ・クリームを少量絞り、カカオパウダーをふったチョコレート・コポーを飾る。

Saotobo Rouge

サオトボ・ルージュ

ロングセラー「サオトボ」が生まれたのは、安食シェフが20代の頃。ヴァローナ社の講習会で、フレデリック・ボウ氏が紹介したレシピからイメージを膨らませ、試行錯誤の末に完成させた、オリジナルのなかでもずばぬけて個性的な一品だ。ちなみに「サオトボ」はフランス語で「噴火口」の意味。名前のとおり、火山からマグマがあふれ出たようなデザインがユニークだ。フランボワーズパウダーをまとった「サオトボ・ルージュ」は2012年、一緒にコラボイベントをした「アカシエ」の興野燈シェフの希望によって誕生。マグマに見立てているのはキャラメル風味のチョコレートクリーム。中に自家製ピスタチオペーストを加えたガナッシュがかくれている。電子レンジで温め、中をとろけさせてからいただくのがお約束。

材料（直径5.5cm、高さ5cmのセルクル85個分）

ビスキュイ・サオトボ
Biscuit Saotobo

ブラックチョコレート（オペラ「レガート」・カカオ分57%）
《chocolat noir 57% de cacao》…2000g
発酵バター《beurre》…300g
メレンゲ《meringue française》
├ 卵白《blancs d'œufs》…1520g
├ 乾燥卵白《blancs d'œufs séchés》…20g
└ グラニュー糖《sucre semoule》…600g
卵黄《jaunes d'œufs》…320g
薄力粉《farine de blé tendre》…220g

ガナッシュ・サオトボ
Ganache Saotobo

ピスタチオ《pistaches》…350g
米油《huile de riz》…45g
ミルクチョコレートA
（不二製油「ラクテ デュオフロール」・カカオ分40%）
《chocolat au lait 40% de cacao》…150g
ミルクチョコレートB
（ヴァローナ「ジヴァラ・ラクテ」・カカオ分40%）
《chocolat au lait 40% de cacao》…200g
皮つきアーモンドペースト
《pâte d'amandes brutes》…45g
生クリーム（乳脂肪分35%）
《crème fleurette 35% MG》…780g
コーンスターチ《amidon de maïs》…18g
転化糖《sucre inverti》…24g

サオトボ・クリーム
Crème Saotobo

キャラメル風味のクレーム・アングレーズ
《crème anglaise au caramel》
├ グラニュー糖《sucre semoule》…275g
├ 牛乳《lait》…1000g
├ 生クリームA（乳脂肪分35%）
│ 《crème fleurette 35% MG》…1000g
└ 卵黄（加糖20%）《jaunes d'œufs 20% sucre ajouté》…640g
ブラックチョコレート（不二製油「ノワール リコフロール」・カカオ分62%）
《chocolat noir 62% de cacao》…1000g
生クリームB（乳脂肪分35%）
《crème fleurette 35% MG》…600g

組立て・仕上げ
Montage, Décoration

フリーズドライフランボワーズパウダー
《framboises lyophilisées en poudre》…適量 Q.S
フランボワーズ《framboises》…適量 Q.S
フイアンティーヌ・オ・ショコラ《feuillantine au chocolat》
…下記分量でつくる。つくり方は109頁参照
├ ブラックチョコレート
│ （不二製油「ノワール リコフロール」・カカオ分62%）
│ 《chocolat noir 62% de cacao》…113g
├ ミルクチョコレート
│ （ヴァローナ「ジヴァラ・ラクテ」・カカオ分40%）
│ 《chocolat au lait 40% de cacao》…113g
├ 皮つきアーモンドペースト《pâte d'amandes brutes》…525g
└ フイアンティーヌ《feuillantine》…450g
粒状チョコレート（ヴァローナ「パール・ショコラ」）
《perles chocolat noir》…適量 Q.S

断面

電子レンジで20秒間温めると、フォンダン・ショコラのごとく、切った瞬間にガナッシュ・サオトボがとろりととろけ出る仕組み。

Saotobo
サオトボ

2002年頃に登場し、安食シェフの名前を全国区に押し上げた一品。ベースは「サオトボ・ルージュ」とほぼ同じだが、こちらはセンターに、ガナッシュとローストしてからくだいたアーモンド、ピスタチオ、ヘーゼルナッツ入り。

つくり方

ビスキュイ・サオトボ
Biscuit Saotobo

❶ ボウルにチョコレートを入れて湯煎で溶かし、室温に戻したバターを細かくちぎって入れ、チョコレートとバターを混ぜ合わせる。
❷ ミキサーボウルに卵白と、あらかじめ混ぜ合わせておいた乾燥卵白とグラニュー糖を入れ、ミキサーにセットし、高速で撹拌する。
❸ ボウルの底をバーナーの火で温めながら、25℃前後をキープしつつ、メレンゲが分離しはじめる寸前まで泡立てる。温度を上げるのは、このあとチョコレートと合わせた時に気泡がつぶれるのを防ぐため。
❹ ①に約30℃に温めた卵黄を加えてよく混ぜる。
❺ ④に③のメレンゲの一部を加え、泡立て器でざっくりと混ぜ合わせる。
❻ ③にふるった薄力粉を加え、泡立て器で混ぜる。
❼ ⑥に⑤を加え、手やカードを使って混ぜる。
❽ 仕上がりの状態。分離する直前まで泡立てたメレンゲを合わせることで、ざらっとした食感の生地に仕上げる。

ガナッシュ・サオトボ
Ganache Saotobo

❶ フードプロセッサーにピスタチオを入れて撹拌し、途中で米油を加え混ぜ、ピスタチオペーストをつくる。
❷ 仕上がりは、やや目の粗い状態。長時間撹拌すると、ペーストが熱をもち、香りが飛んでしまうので注意する。
❸ 2種類のチョコレートをボウルに入れて湯煎で溶かし、②を加える。皮つきアーモンドペーストも加え、よく混ぜる。
❹ ②のフードプロセッサーに③を入れて撹拌し、チョコレートとナッツ類をよく混ぜ合わせる。
❺ ボウルに生クリーム、コーンスターチ、転化糖を入れて中火にかけ、沸騰するまで泡立て器でかき混ぜる。
❻ ④に⑤を少量ずつ、数回に分けて加えながら、そのつどしっかりと混ぜて乳化させる。
❼ ⑤をすべて混ぜ終えたらボウルに移し、ゴムベラで混ぜてきめをととのえる。
❽ ⑦を絞り袋に入れ、直径4cm、深さ2cmの凹みのついたフレキシパンに流す。冷凍庫に入れて冷やし固める。

サオトボ・クリーム
Crème Saotobo

❶ キャラメルをつくる。鍋にグラニュー糖を入れ、強火にかける。一方で、別の鍋に牛乳と生クリームAを入れて中火にかける。
❷ ①のグラニュー糖が溶けて透明の液状になったら弱火にし、適宜鍋をゆすって均一に色づけていく。全体がブロンド色になったら火を止めて、沸騰した牛乳と生クリームを数回に分けて加え、木ベラなどでそのつどかき混ぜる。
❸ 卵黄を入れたボウルに②の一部を加え、それを鍋に戻し、再度火にかけて、キャラメル風味のクレーム・アングレーズをつくる。
❹ 80～82℃になったら火からおろし、鍋の底を流水にあて、温度を55℃まで下げる。
❺ ④を、ストレーナーで漉しながらボウルに移す。
❻ チョコレートを別のボウルに入れて湯煎で溶かし、⑤を少量ずつ、数回に分けて加え、そのつどしっかりと混ぜて乳化させる。
❼ ハンドミキサーで撹拌し、きめをととのえる。
❽ 生クリームBを加え、ゴムベラでよく混ぜる。容器に移して冷蔵庫に入れ、ひと晩ねかせる。

組立て・仕上げ
Montage, Décoration

❶ 天板にセルクルを並べ、オーブンペーパーを幅7.5cmの帯状に切ってセルクルの内側に巻く。ビスキュイ・サオトボを型の高さの2分目まで絞り、冷やし固めたガナッシュ・サオトボを入れる。
❷ さらにビスキュイ・サオトボを型の9分目の高さまで絞り、冷凍庫に入れて冷やし固める。
❸ ②を冷凍庫からとり出し、冷凍したままの状態で180℃のコンベクションオーブンに入れ、約20分間焼成。焼きはじめてから15分くらいで天板の前後を入れ替える。中のガナッシュまで火が入らないように注意する。焼き上がったら、生地の上部にペティナイフで穴をあける。中に空洞ができている。型をはずして完全に冷ます。
❹ オーブンペーパーをはがして、フリーズドライフランボワーズパウダーを表面にまぶす。
❺ 生地の空洞に、フランボワーズを指で細かく割って入れ、サオトボ・クリームを口径4mmの丸口金で絞り入れる。
❻ 上部から側面にかけて、火口から溶岩が流れ出るようなイメージで、サオトボ・クリームを絞る。
❼ 仕上げにフイアンティーヌ・オ・ショコラをのせ、細かくくだいたフランボワーズと粒状のチョコレートをところどころに飾る。

Milanese

....

ミラネーゼ

安食シェフのオリジナルである、「器も食べられるケーキ」の第1号がこれ。「フレキシパンを販売するドゥマール社から、フレキシパンを使った商品紹介の依頼を受けたのが考案のきっかけ」(安食シェフ)。カップ形のムースの中には、クレーム・ドゥーブルをとろりとまとった赤い果実のコンポート。フレキシパンを裏返して使うという画期的な手法により、ヴェリーヌのごとくみずみずしい果実や流動性のある素材を組み込むことを可能にした。下段は好相性のムース・オ・ショコラ。底にはサクサクのサブレを配して食感のアクセントに。名前のとおり、洗練されたミラノ女性のイメージに加え、白いクリームやベリーのコンポート、ピスタチオペーストなど、イタリアンカラーやイタリアの素材を意識した構成もユニーク。

材料（直径5.5cm、高さ5cmのセルクル100個分）

ビスキュイ・オー・ザマンド・エ・ショコラ
Biscuit aux amandes et chocolat

→24頁参照。

ピスタチオのサブレ
Sablé aux pistaches

（直径5.5cm、200枚分）
発酵バター《beurre》…420g
粉糖《sucre glace》…264g
塩《sel》…3.2g
全卵《œufs entiers》…120g
ピスタチオパウダー《pistaches en poudre》…160g
ピスタチオダイス《pistaches hachées》…200g
薄力粉《farine de blé tendre》…640g

ピスタチオのムース
Mousse pistache

クレーム・アングレーズ《crème anglaise》
 牛乳《lait》…714g
  グラニュー糖《sucre semoule》…147g
  卵黄（加糖20%）
 《jaunes d'œufs 20% sucre ajouté》…352g
板ゼラチン《feuilles de gélatine》…24.7g
ピスタチオペースト《pâte de pistaches》…213g
キルシュ《kirsch》…13g
アマレット《amaretto》…40g
生クリーム（乳脂肪分35%）
《crème fleurette 35% MG》…714g

ムース・オ・ショコラ
Mousse au chocolat

クレーム・アングレーズ《crème anglaise》
 牛乳《lait》…428g
  生クリームA（乳脂肪分45%）
  《crème fraîche 45% MG》…428g
  トレハロース《tréhalose》…100g
 卵黄（加糖20%）《jaunes d'œufs 20% sucre ajouté》…222g
板ゼラチン《feuilles de gélatine》…14g
ミルクチョコレート（ヴァローナ「ジヴァラ・ラクテ」・カカオ分40%）
《chocolat au lait 40% de cacao》…534g
生クリームB（乳脂肪分35%）
《crème fleurette 35% MG》…715g

組立て・仕上げ
Montage, Décoration

サオトボ・クリーム《crème Saotobo》[*1]…適量 Q.S
コンポート・フリュイ・ルージュ
《compote de fruits rouges》[*2]…160g（10個分）
クレーム・ドゥーブル《crème double》…53g（10個分）

[*1] サオトボ・クリームの材料・つくり方は111、113頁参照。
[*2] コンポート・フリュイ・ルージュの材料・つくり方は37頁参照。

コンポート・フリュイ・ルージュは定期的に仕込んで冷凍庫で保管しておき、使用時に必要なぶんだけ解凍。シロップのみをアンビバージュに使うこともある。

断面

下はミルクチョコレートのムース、上は凹みのあるピスタチオのムース。カットした瞬間、凹みに詰めたガルニチュールがとろりと流れる。

つくり方

ビスキュイ・オー・ザマンド・エ・ショコラ
Biscuit aux amandes et chocolat

生地のつくり方は24頁参照。厚さ1cmにスライスし、直径5.5cmのセルクルでぬく。200枚用意する。

つくり方

ピスタチオのサブレ
Sablé aux pistaches

❶ ボウルに室温に戻したバターを入れ、泡立て器で練り、マヨネーズ状にする。
❷ 粉糖、塩を加え、泡立て器ですり混ぜる。
❸ ときほぐした全卵を少量ずつ、数回に分けて加え、そのつどしっかり混ぜて乳化させる。
❹ 卵をすべて入れ終えたらピスタチオパウダーを加え混ぜ、なじんだらピスタチオダイスを加えてゴムベラでよく混ぜる。
❺ ふるった薄力粉を加え、ゴムベラで切るようにして混ぜる。
❻ 手やカードを使って、粉けがなくなるまでよく混ぜる。
❼ OPPフィルムを敷いたプラックに⑥をあけ、平たくのばして上からもOPPフィルムをかぶせ、ひと晩冷蔵庫でねかせる。翌日、厚さ3mmにのばし、直径5.5cmのセルクルでぬいて天板にのせ、150℃のコンベクションオーブンで焼く。まず、ダンパーを開けて10分間焼き、天板の前後を入れ替えてさらに3〜5分間焼く。

ピスタチオのムース
Mousse pistache

❶ 鍋に牛乳とグラニュー糖を入れて中火にかけ、沸いたら卵黄を合わせてクレーム・アングレーズをつくる。
❷ ①に水（材料外）に浸けて戻した板ゼラチンを加え、木ベラで混ぜて溶かす。
❸ 鍋の底を流水にあて、温度を55℃まで下げる。
❹ ストレーナーで漉しながら別のボウルに移す。
❺ ピスタチオペーストを入れたボウルに④を少しずつ、数回に分けて加え、そのつどしっかり泡立て器で混ぜて乳化させる。
❻ ⑤をハンドミキサーで撹拌し、きめをととのえる。
❼ キルシュとアマレットを加え、ゴムベラで混ぜる。この段階で生地の温度が36℃になっているのが理想的。
❽ 生クリームを7分立てにし、⑦に加えてゴムベラでむらなく混ぜ合わせる。

ムース・オ・ショコラ
Mousse au chocolat

1. 鍋に牛乳と生クリームA、トレハロースを入れて中火にかけ、沸いたら卵黄を合わせてクレーム・アングレーズをつくる。
2. ①に水（材料外）に浸けて戻した板ゼラチンを加え、木ベラで混ぜて溶かす。
3. 鍋の底を流水にあて、温度を55℃まで下げる。
4. ストレーナーで漉しながらボウルに移す。
5. 湯煎で溶かしたチョコレートに④を少しずつ、数回に分けて加え、そのつどしっかり泡立て器で混ぜて乳化させる。
6. ⑤をハンドミキサーで攪拌し、きめをととのえる。
7. 生クリームBを7分立てにし、⑥に加えてゴムベラでむらなく混ぜ合わせる。

組立て・仕上げ
Montage, Décoration

1. 直径4cm、深さ2cmの凹みのあるフレキシパンの裏面を上に向けて、凸部分にセルクルをかぶせるように置き、あらかじめ冷凍庫に入れておく。ピスタチオのムースをドロッパーに入れ、型の高さの半分くらいまで流し込む。
2. ビスキュイ・オー・ザマンド・エ・ショコラを①のピスタチオのムースの上にのせ、冷凍庫で冷やし固める。
3. ムース・オ・ショコラをドロッパーに入れ、②の上に型の縁から数ミリの高さまで流し込む。
4. ビスキュイ・オー・ザマンド・エ・ショコラを③のムース・オ・ショコラの上にのせ、冷凍庫で冷やし固める。
5. ピスタチオのサブレの片面にサオトボ・クリームをぬる。
6. ④の型をはずし、ピスタチオのムースの凹みを上にして、⑤の上にのせる。サオトボ・クリームが接着剤としての役割を果たす。
7. 汁けをきったコンポート・フリュイ・ルージュをボウルに入れ、クレーム・ドゥーブルを加えて軽く和える。
8. ⑦をスプーンでピスタチオのムースの凹みに入れる。

Harmonie

アルモニー

安食シェフがテレビの密着取材を受けた際、新作考案の様子も撮りたいというオーダーから誕生した一品。考案にあたり、まずは安食シェフ自身が好きな素材、カモミールを選択。これをとろりとしたソース仕立てにし、まわりのチョコレートムースには、カモミールを引き立てるよう、エクアドル産のフローラルなチョコレートを使った。ここにもうひとつ、何を組み合わせるかで試行錯誤をくり返し、最終的にいきついたのがジャスミン。「カモミールに対して異質のものではなく、同系のもので膨らみをもたせたいと思ったんです。対比効果ではなく、やさしい香りの相乗効果をイメージしました」と安食シェフ。結果は期待以上。2つを合わせたときに生まれるハーモニー（フランス語でアルモニー）を堪能したい。

材料（直径5.5cm、高さ5cmのセルクル35個分）

ビスキュイ・オー・ザマンド・エ・ショコラ
Biscuit aux amandes et chocolat

→24頁参照。

パート・シュクレ・オー・ザマンド
Pâte sucrée aux amandes

→18頁参照。厚さ3mmにのばし、ピケをしてから直径5.5cmのセルクルでぬく。35枚用意。

ムース・オ・ショコラ
Mousse au chocolat

クレーム・アングレーズ《crème anglaise》
- 牛乳《lait》…245g
- グラニュー糖《sucre semoule》…70g
- 卵黄《jaunes d'œufs》…131g

板ゼラチン《feuilles de gélatine》…8.75g
ブラックチョコレート
（不二製油「ノワール リコフロール」・カカオ分62%）
《chocolat noir 62% de cacao》…175g
ミルクチョコレート
（ヴァローナ「ジヴァラ・ラクテ」・カカオ分40%）
《chocolat au lait 40% de cacao》…70g
生クリーム（乳脂肪分35%）
《crème fleurette 35% MG》…560g

ジャスミン風味のクリーム
Crème au jasmin

ジャスミン風味のクレーム・アングレーズ《crème anglaise au jasmin》
- 牛乳《lait》…300g
- ジャスミン《jasmin》…30g
- 生クリームA（乳脂肪分45%）《crème fraîche 45% MG》…75g
- グラニュー糖《sucre semoule》…12g
- トレハロース《tréhalose》…35g
- 卵黄（加糖20%）《jaunes d'œufs 20% sucre ajouté》…140g

ジュレ・デセール《gelée dessert》…20g
生クリームB（乳脂肪分45%）《crème fraîche 45% MG》…225g

カモミール風味のソース
Sauce à la camomille

カモミール風味のクレーム・アングレーズ《crème anglaise à la camomille》
- 牛乳《lait》……620g
- カモミール《camomille》…27g
- 生クリームC（乳脂肪分45%）《crème fraîche 45% MG》…135g
- グラニュー糖《sucre semoule》…67g
- 卵黄（加糖20%）《jaunes d'œufs 20% sucre ajouté》…252g

ジュレ・デセール《gelée dessert》…15g
生クリームD（乳脂肪分45%）《crème fraîche 45% MG》…405g

組立て・仕上げ
Montage, Décoration

サオトボ・クリーム《crème Saotobo》*…適量 Q.S
ジャスミン《jasmin》…適量 Q.S
カモミール《camomille》…適量 Q.S

＊サオトボ・クリームの材料・つくり方は111、113頁参照。

断面

まわりはチョコレートのムース、凹みにはカモミール風味のソース。中にはジャスミン風味のクリームがかくれている。

つくり方

ビスキュイ・オー・ザマンド・エ・ショコラ
Biscuit aux amandes et chocolat

生地のつくり方は24頁参照。厚さ1cmにスライスし、直径5.5cmのセルクルでぬく。35枚用意する。

パート・シュクレ・オー・ザマンド
Pâte sucrée aux amandes

厚さ3mm、直径5.5cmの生地を天板にのせ、160℃のコンベクションオーブンで30～35分間焼く。

ムース・オ・ショコラ
Mousse au chocolat

❶ 鍋に牛乳とグラニュー糖を入れて中火にかけ、沸いたら卵黄を合わせてクレーム・アングレーズをつくる。
❷ 80〜82℃になったら火からおろし、水（材料外）に浸けて戻した板ゼラチンを加え、木ベラで混ぜて溶かす。
❸ 2種類のチョコレートを入れたボウルに、②をストレーナーで漉しながら加える。
❹ クレーム・アングレーズの熱でチョコレートを溶かしつつ、泡立て器で勢いよく混ぜてしっかりと乳化させる。
❺ 仕上げにハンドミキサーで撹拌し、きめをととのえる。
❻ ⑤に7分立ての生クリームを数回に分けて加え、そのつどゴムベラでよくなじませる。生クリームを加える時の⑤の温度は38〜40℃が理想的。

ジャスミン風味のクリーム
Crème au jasmin

❶ 鍋に牛乳とジャスミンを入れ、弱火で沸かす。
❷ 沸いたらストレーナーで漉しながらボウルに移し、減ったぶんの牛乳（材料外）を加えてもとの分量に戻す。
❸ ②を鍋に入れ、生クリームA、グラニュー糖、トレハロースを加えて火にかけ、泡立て器でかき混ぜながら加熱する。
❹ ③の一部を、卵黄を入れたボウルに加え、泡立て器で混ぜ合わせてから鍋に戻し、ジャスミン風味のクレーム・アングレーズをつくる。
❺ ④が80〜82℃になったら鍋を火からおろし、ジュレ・デセールを加え、鍋底を流水、氷水にあてて30℃まで冷やす。
❻ ⑤に生クリームBを加えてゴムベラでよく混ぜる。
❼ ハンドミキサーで撹拌してきめをととのえてから、ストレーナーで漉す。
❽ ⑦をドロッパーに入れ、直径4cm、深さ2cmの凹みのついたフレキシパンに流す。冷凍庫に入れて冷やし固める。

カモミール風味のソース
Sauce à la camomille

❶ 鍋に牛乳とカモミールを入れ、弱火で沸かす。
❷ 沸いたらストレーナーで漉しながらボウルに移し、減ったぶんの牛乳（材料外）を加えてもとの分量に戻す。
❸ ②を鍋に入れ、生クリームＣ、グラニュー糖を加えて火にかけ、泡立て器でかき混ぜながら加熱する。
❹ ③の一部を、卵黄を入れたボウルに加え、泡立て器で混ぜ合わせたあと鍋に戻し、カモミール風味のクレーム・アングレーズをつくる。
❺ ④が 80～82℃になったら鍋を火からおろし、ジュレ・デセールを加え混ぜる。
❻ 鍋底を流水、氷水にあてて 30℃まで冷やす。
❼ ⑥に生クリームＤを加えてよく混ぜる。
❽ ストレーナーで漉しながらボウルに移し、ラップフィルムを落としぶたのように液面に密着させてから、冷蔵庫に入れてやすませる。

組立て・仕上げ
Montage, Décoration

❶ 直径 4cm、深さ 2cm の凹みのあるフレキシパンの裏面を上に向けて、凸部分にセルクルをかぶせるように置き、あらかじめ冷凍庫に入れておく。ムース・オ・ショコラをドロッパーに入れ、型の高さの 7 分目くらいまで流し込む。
❷ 型の真ん中に冷やし固めたジャスミン風味のクリームを、ムース・オ・ショコラに埋め込むようにして入れる。
❸ ジャスミン風味のクリームを押し込んだことによって持ち上がったムース・オ・ショコラをスプーンでならし、その上にビスキュイ・オー・ザマンド・エ・ショコラをのせる。冷凍庫に入れて冷やし固める。
❹ 固まったら型をはずして、ムース・オ・ショコラの凹みを上にしておく。
❺ パート・シュクレ・オー・ザマンドの片面にサオトボ・クリームをぬり、④をのせる。
❻ カモミール風味のソースをドロッパーでムース・オ・ショコラの凹みに流し、ジャスミンとカモミールを飾る。

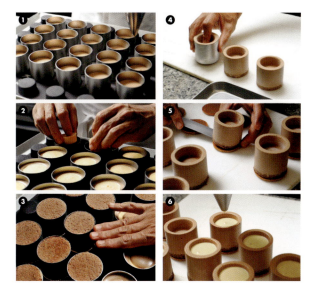

Noisette Banane et Café

....

ノワゼット・バナーヌ・エ・カフェ

土台はヘーゼルナッツのプラリーヌとフレッシュバナナがゴロゴロ入ったビスキュイ・サン・ファリーヌ。その上には、コーヒー風味のクリームを詰めたムース・オ・ショコラ。口溶けのよい生地やなめらかなクリームと対照的な、カリッとしたプラリーヌの食感が印象的だ。ムース・オ・ショコラは、個性の強い「スル・デル・ラゴ75%」（ドモリ）を使いつつも、ほかのパーツの邪魔にならないようにクレーム・アングレーズを多めに加え、チョコレートの風味は余韻として感じられる程度に抑えた。凹みのあるムースの形はオリジナル商品のなかでも象徴的なもののひとつ。ここに詰めるクリームなどは店に出す直前に流し、土台の生地も当日に仕込む。シェフの個性とともに、フレッシュなおいしさも魅力だ。

材料（直径5cm、高さ5cmのセルクル30個分）

ビスキュイ・サン・ファリーヌ
Biscuit sans farine
アーモンドパウダー《amandes en poudre》…187g
グラニュー糖《sucre semoule》…140g
発酵バター《beurre》…75g
全卵《œufs entiers》…280g
メレンゲ《meringue française》
┌ グラニュー糖《sucre semoule》…47g
└ 卵白《blancs d'œufs》…60g
ヘーゼルナッツのプラリーヌ
《praline aux noisettes》*…1個につき3粒
バナナ《banane》…適量Q.S
*ヘーゼルナッツのプラリーヌの材料・つくり方は36頁参照。

コーヒー風味のクリーム
Crème au café
コーヒー風味のクレーム・アングレーズ
《crème anglaise au café》
┌ 牛乳《lait》…207g
│ 生クリームA（乳脂肪分45%）《crème fraîche 45% MG》…45g
│ トレハロース《tréhalose》…23g
│ コーヒー粉《café moulu》…15g
└ 卵黄（加糖20%）《jaunes d'œufs 20% sucre ajouté》…70g
ジュレ・デセール《gelée dessert》…6g
生クリームB（乳脂肪分45%）《crème fraîche 45% MG》…137g

ムース・オ・ショコラ
Mousse au chocolat
クレーム・アングレーズ《crème anglaise》
┌ 牛乳《lait》…300g
│ グラニュー糖《sucre semoule》…40g
└ 卵黄《jaunes d'œufs》…100g
板ゼラチン《feuilles de gélatine》…10g
ブラックチョコレート
（ドモリ「スル・デル・ラゴ75%」・カカオ分75%）
《chocolat noir 75% de cacao》…150g
生クリーム（乳脂肪分35%）《crème fleurette 35% MG》…600g

ヘーゼルナッツのプラリーヌはつくりたてを使用する。粒が複数くっついたまま固まっている場合は、ペティナイフなどでひと粒ずつバラしてから使う。

バナナは使用直前に乱切りにする。

断面

ムースの凹みに流したクリームがとろりと流れる、まるでデザートのようなプチガトー。

つくり方

ビスキュイ・サン・ファリーヌ
Biscuit sans farine

❶ フードプロセッサーにアーモンドパウダー、グラニュー糖、サイコロ状に切ったバターを入れ、全体が均一な砂状になるまで10〜12秒間撹拌する。

❷ 全卵を4回に分けて加える。1回目は混ざりにくいので、20秒間ほどまわしてしっかりと合わせる。この段階ではマジパンのような状態。残りの卵を3回に分けて加え、そのつどよく混ぜる。

❸ 混ぜ終わりは写真のようにとろっとした状態。中身をボウルにとり出しておく。

❹ グラニュー糖と卵白をミキサーボウルに入れ、ミキサーで泡立ててメレンゲをつくる(34頁参照)。これを③のボウルに2回に分けて加え、そのつどボウルをまわしながらゴムベラを斜めに入れて、底から返すように合わせる。

❺ セルクルの内側側面にオーブンペーパーを、ろう引きの面を外側に向けて敷き込む。丸口金をつけた絞り袋に④を入れ、型の3分の1程度の高さまで絞る。あえてオーブンペーパーの裏面を生地に密着させるのは、生地の表面をざらっとしたマットな表情に仕上げるため。

❻ ヘーゼルナッツのプラリネ3粒と乱切りのバナナ3片を、重ならないように、軽く押し込むように入れる。

❼ 180℃のコンベクションオーブンで16〜17分間焼成。最初はダンパーを開けて10分間ほど焼き、天板の前後を入れ替えて4〜5分間、ダンパーを閉めて2分間程度焼く。目安は写真のようなキツネ色になるまで。

コーヒー風味のクリーム
Crème au café

❶ コーヒー風味のクレーム・アングレーズをつくる。鍋に牛乳、生クリームA、トレハロース、コーヒー粉を入れて中火にかけ、泡立て器でかき混ぜながらコーヒーの風味と香りを抽出する。

❷ 70℃くらいになったら火からおろし、ストレーナーで漉す。

❸ ②を鍋に入れ、ふたたび中火にかけて加熱する。

❹ ③の一部を、卵黄を入れたボウルに加え、泡立て器で混ぜ合わせたあと鍋に戻す。

❺ 鍋底が焦げつかないように注意しつつ、木ベラでゆっくりと混ぜながら80〜82℃まで加熱する。

❻ ⑤を火からおろし、泡立て器で混ぜながらジュレ・デセールを加える。

❼ 30℃まで温度を下げてから生クリームBを加え、木ベラで混ぜ合わせる。

❽ ⑦をストレーナーで漉しながらボウルに移し、表面にぴったりとラップフィルムを密着させて冷蔵庫へ。少しやすませたほうが全体がなじむので、できれば前日に仕込んでおく。

ムース・オ・ショコラ
Mousse au chocolat

❶ クレーム・アングレーズをつくる。鍋に牛乳とグラニュー糖を入れて中火にかけて沸かし、その一部をボウルに入れた卵黄と合わせ、鍋に戻して底が焦げつかないように注意しながら火を入れる。
❷ 水（材料外）に浸けて戻しておいた板ゼラチンを加え、木ベラで混ぜて溶かす。
❸ 鍋底を流水にあてて55℃くらいまで温度を下げてから、ストレーナーで漉す。
❹ 湯煎で溶かしておいたチョコレートに③を少量ずつ、数回に分けて加え混ぜる。
❺ 最初のうちは分離して、ザラザラとしたダマができるが、徐々になめらかになり、つやが出てくる。
❻ しっかりと乳化させたら、あとはこの濃度をゆるめるような感覚で、残りを混ぜ合わせる。
❼ ゴムベラに持ち替えてざっと混ぜ合わせてから、ハンドミキサーで全体を混ぜ、なめらかで均一な状態にととのえる。
❽ 生クリームを7分立てにし、⑦に半量を加えてゴムベラで混ぜる。この時⑦の温度は32℃くらいが望ましい。残りの生クリームも加えて均一に混ぜ合わせる。

組立て・仕上げ
Montage, Décoration

❶ 直径4cm、深さ2cmの凹みのあるフレキシパンの裏面を上に向けて、凸部分にセルクルをかぶせるように置き、あらかじめ冷凍庫に入れておく。
❷ ムース・オ・ショコラをドロッパーに入れ、型の約半分の高さまで流し込む。
❸ ②の上にビスキュイ・サン・ファリーヌを底面を上にしてのせ、冷凍庫で冷やし固める。
❹ 固まったら型をはずしてムース・オ・ショコラの凹みを上に向けて置き、凹みの中にコーヒー風味のクリームを流し入れる。

Assam
Cannelle

アッサム・カネル

名前どおり、アッサム（紅茶）とカネル（シナモン）のマリアージュ。シックな見た目に反し、好相性の2つが重なる芳醇な香りが印象的だ。下からアーモンド入りのパート・シュクレ、ビスキュイ・オー・ザマンド・エ・ショコラ、フレキシパンで凹みをつくったムース・オ・ショコラ。ムースのセンターには、香り高いアッサム風味のクリームがかくれている。凹みの中にはシナモン風味のガナッシュ入り。ガナッシュは流動性のある状態に仕上げているため、フォークを入れるととろりと流れ出し、ソースを添えたデザート感覚で楽しめる。

材料（できあがり量は各パーツごとに記載）

ビスキュイ・オー・ザマンド・エ・ショコラ
Biscuit aux amandes et chocolat

→24頁参照。厚さ1cmにスライスし、直径5.5cmのセルクルでぬく。

パート・シュクレ・オー・ザマンド
Pâte sucrée aux amandes

→18頁参照。厚さ3mmにのばし、ピケをしてから直径5.5cmのセルクルでぬく。160℃のコンベクションオーブンで30〜35分間焼成する。

ムース・オ・ショコラ
Mousse au chocolat

（直径5.5cm、高さ5cmのセルクル100個分）
クレーム・アングレーズ《crème anglaise》
- 牛乳《lait》…245g
  - グラニュー糖《sucre semoule》…70g
- 卵黄《jaunes d'œufs》…131g

板ゼラチン《feuilles de gélatine》…8.75g
ブラックチョコレート
（不二製油「ノワール リコフロール」・カカオ分62%）
《chocolat noir 62% de cacao》…175g
ミルクチョコレート
（ヴァローナ「ジヴァラ・ラクテ」・カカオ分40%）
《chocolat au lait 40% de cacao》…70g
生クリーム（乳脂肪分35%）《crème fleurette 35% MG》…560g

紅茶風味のクリーム
Crème au thé

（144個分）
紅茶風味のクレーム・アングレーズ
《crème anglaise au thé》
- 牛乳《lait》…1500g
  - 生クリームA（乳脂肪分45%）
  - 《crème fraîche 45% MG》…300g
  - グラニュー糖《sucre semoule》…36g
  - トレハロース《tréhalose》…102g
  - 紅茶の茶葉（アッサム）《thé noir／Assam》…90g
- 卵黄（加糖20%）《jaunes d'œufs 20% sucre ajouté》…540g

ジュレ・デセール《gelée dessert》…81g
生クリームB（乳脂肪分45%）
《crème fraîche 45% MG》…900g

シナモン風味のガナッシュ
Ganache à la cannelle

（10個分）
生クリーム（乳脂肪分35%）《crème fleurette 35% MG》…100g
シナモンスティック《cannelle》…適量 Q.S
ブラックチョコレート
（不二製油「ノワール リコフロール」・カカオ分62%）
《chocolat noir 62% de cacao》…30g
ミルクチョコレート
（ヴァローナ「ジヴァラ・ラクテ」・カカオ分40%）
《chocolat au lait 40% de cacao》…30g

組立て・仕上げ
Montage, Décoration

サオトボ・クリーム《crème Saotobo》*…適量 Q.S
シナモンパウダー《cannelle en poudre》…適量 Q.S

*サオトボ・クリームの材料・つくり方は111、113頁参照。

つくり方

ムース・オ・ショコラ
Mousse au chocolat

1. 鍋に牛乳とグラニュー糖を入れて中火にかけ、沸いたら卵黄を合わせてクレーム・アングレーズをつくる。
2. ①に水（材料外）に浸けて戻した板ゼラチンを加え、木ベラで混ぜて溶かす。
3. 2種類のチョコレートを入れたボウルに、②をストレーナーで漉しながら加える。クレーム・アングレーズの熱でチョコレートを溶かしつつ、泡立て器で勢いよく混ぜてしっかりと乳化させる。仕上げにハンドミキサーで撹拌し、きめをととのえる。
4. ③に7分立ての生クリームを2〜3回に分けて加え、そのつどゴムベラで混ぜてよくなじませる。

紅茶風味のクリーム
Crème au thé

1. 紅茶風味のクレーム・アングレーズをつくる。鍋に牛乳、生クリームA、グラニュー糖、トレハロースと、紅茶の茶葉（アッサム）を入れ、弱火で沸かす。沸いたら火を止めてふたをし、そのまま3分間おいて液体に紅茶の香りを移してから、ストレーナーで漉す。
2. ①の重さを量り、茶葉が吸って減ったぶんの牛乳（材料外）を足して鍋に戻して中火にかけ、卵黄を合わせる。
3. ②が80〜82℃になったら鍋を火からおろし、ジュレ・デセールを加え混ぜ、鍋底を流水にあてて55℃まで冷ます。さらに鍋底を氷水にあてて30℃まで冷やす。
4. ③に生クリームBを加えてよく混ぜたあと、ストレーナーで漉す。
5. ④をドロッパーに入れ、直径4cm、深さ2cmの凹みのついたフレキシパンに流す。冷凍庫に入れて冷やし固める。

シナモン風味のガナッシュ
Ganache à la cannelle

1. 鍋に生クリームとシナモンスティックを入れて弱火にかけ、沸いたら火を止めてふたをし、そのまま3分間おいて液体にシナモンの香りを移す。ストレーナーで漉す。
2. ボウルに2種類のチョコレートを入れて湯煎で溶かす。
3. ②に①を数回に分けて加え、そのつどしっかり混ぜて乳化させる。使用する前日に仕込み、味をなじませておく。

組立て・仕上げ
Montage, Décoration

1. 直径4cm、深さ2cmの凹みのあるフレキシパンの裏面を上に向けて、セルクルを凸部分にかぶせるようにして置き、あらかじめ冷凍庫に入れて冷やしておく。
2. ムース・オ・ショコラをドロッパーに入れ、型の6分目くらいの高さまで流す。
3. 型の真ん中に、冷やし固めた紅茶風味のクリームを、ムース・オ・ショコラに埋め込むようにして入れる。
4. クリームを押し込んだことで持ち上がったムース・オ・ショコラをスプーンでならし、その上にビスキュイ・オー・ザマンド・エ・ショコラをのせる。冷凍庫に入れて冷やし固める。固まったら型をはずし、ムース・オ・ショコラの凹みを上にして置く。
5. パート・シュクレ・オー・ザマンドの片面にサオトボ・クリームをぬり、④をのせる。シナモン風味のガナッシュをムース・オ・ショコラの凹みに流し、シナモンパウダーをふる。

Tangor

....

タンゴール

下から、ミルクチョコレートのガナッシュとアーモンドのプラリネを詰めたタルト、アーモンド入りのビスキュイ・オ・ショコラ、ホワイトチョコレートのムース。ムースの凹みの中には、フレッシュのデコポンとクレーム・アングレーズ。デコポンの酸味とチョコレートの甘み、ムースとタルトの食感のコントラストが楽しめる一品だ。ちなみに、タンゴールとは柑橘類の雑種のひとつで、おもにミカンとオレンジの交雑種をさす。清見オレンジやデコポンがその代表で、このケーキも清見オレンジやデコポンが旬の時期に提供している。

材料（直径6cmのセルクル20個分）

パート・シュクレ・オー・ザマンド
Pâte sucrée aux amandes

→18頁参照。厚さ2mmにのばし、幅1.5cmの帯状に切る。

ココナッツのサブレ
Sablé aux coco

発酵バター《beurre》…100g
粉糖《sucre glace》…50g
塩《sel》…0.4g
ココナッツファイン《noix de coco râpée》…100g
卵黄《jaunes d'œufs》…15.2g
中力粉《farine de blé mitadin》…122g
脱脂粉乳《lait écrémé en poudre》…4g

ビスキュイ・オ・ショコラ・サン・ファリーヌ
Biscuit au chocolat sans farine

アーモンドパウダー《amandes en poudre》…96g
カカオパウダー《cacao en poudre》…4g
グラニュー糖《sucre semoule》…75g
発酵バター《beurre》…40g
デコポンの皮《zests de dekopons》…適量Q.S
全卵《œufs entiers》…150g
メレンゲ《meringue française》
  ┌ 卵白《blancs d'œufs》…32g
  └ グラニュー糖《sucre semoule》…25g

ムース・オ・ショコラ・ブラン
Mousse au chocolat blanc

クレーム・アングレーズ《crème anglaise》
  ┌ 牛乳《lait》…94g
  │ トレハロース《tréhalose》…24g
  └ 卵黄(加糖20%)《jaunes d'œufs 20% sucre ajouté》…52g
板ゼラチン《feuilles de gélatine》…5g
ホワイトチョコレート（ヴァローナ「イボワール」）
《chocolat blanc》…110g
生クリーム(乳脂肪分35%)
《crème fleurette 35% MG》…300g

クレーム・アングレーズ
Crème anglaise

牛乳《lait》…84g
生クリームA（乳脂肪分45%）
《crème fraîche 45% MG》…18g
トレハロース《tréhalose》…10g
卵黄(加糖20%)《jaunes d'œufs 20% sucre ajouté》…34g
ジュレ・デセール《gelée dessert》…4g
生クリームB（乳脂肪分45%）
《crème fraîche 45% MG》…54g

ミルクチョコレートのガナッシュ
Ganache lait

生クリーム(乳脂肪分35%)
《crème fleurette 35% MG》…188g
板ゼラチン《feuilles de gélatine》…0.7g
ミルクチョコレート
（ヴァローナ「ジヴァラ・ラクテ」・カカオ分40%）
《chocolat au lait 40% de cacao》…90g

アーモンドのプラリネ
Praliné amandes

グラニュー糖《sucre semoule》…300g
水《eau》…100g
アーモンドダイス《amandes hachées》…250g

組立て・仕上げ
Montage, Décoration

デコポン《dekopons》…40房
オレンジの皮のコンフィ
《écorces d'oranges confits》…適量Q.S

つくり方

ココナッツのサブレ
Sablé aux coco

1. ボウルに室温に戻したバターを入れ、泡立て器でマヨネーズ状に練る。粉糖と塩を加えて泡立て器ですり混ぜる。
2. ココナッツファインをフードプロセッサーでペースト状にし、①に加え混ぜる。
3. ②に卵黄を加え、しっかりと混ぜて乳化させる。
4. 中力粉と脱脂粉乳を合わせてふるい、③に加え混ぜる。ゴムベラで切るようにしながら、粉けがなくなるまで混ぜる。
5. 混ぜ終えたら平たくのばしてラップフィルムに包み、ひと晩冷蔵庫でねかせる。
6. 生地を冷蔵庫からとり出し、厚さ4mmにのばして直径5.5cmのセルクルでぬく。

ビスキュイ・オ・ショコラ・サン・ファリーヌ
Biscuit au chocolat sans farine

1. アーモンドパウダー、カカオパウダー、グラニュー糖、バター、デコポンの皮をフードプロセッサーに入れ、全卵を少量ずつ、数回に分けて加え、よく撹拌する。
2. ①の作業と並行して、卵白とグラニュー糖をミキサーボウルに入れ、メレンゲをつくる（34頁参照）。
3. ①をボウルに移し、②を加えてよく混ぜる。
4. 天板にオーブンペーパーを敷き、直径6cm、高さ3cmのセルクルを並べ、③を型の3～4分目の高さまで流す。
5. 180℃のコンベクションオーブンに入れ、12分間焼成。
6. オーブンからとり出し、完全に冷ましてから、型と生地の接する部分にペティナイフを入れて型をはずす。

ムース・オ・ショコラ・ブラン
Mousse au chocolat blanc

1. 鍋に牛乳、トレハロースを入れて中火にかけ、沸いたら卵黄を合わせてクレーム・アングレーズをつくる。
2. 炊き上がったら水（材料外）で戻した板ゼラチンを加えて溶かし、鍋底を流水にあてて55℃まで冷やす。ストレーナーで漉す。
3. 湯煎で溶かしたホワイトチョコレートと②をよく混ぜ合わせ、しっかり乳化させる。
4. ③に7分立ての生クリームを加え、むらなく混ぜ合わせる。

クレーム・アングレーズ
Créme anglaise

1. 鍋に牛乳、生クリームA、トレハロースを入れて火にかけ、沸騰したら卵黄を合わせてクレーム・アングレーズをつくる。
2. 炊き上がったらジュレ・デセールを加え、鍋底を流水や氷水にあてて30℃まで冷やす。
3. 生クリームBを加えてよく混ぜる。

ミルクチョコレートのガナッシュ
Ganache lait

1. 鍋に生クリームを入れ、火にかけて約50℃に温め、水（材料外）で戻した板ゼラチンを加えて溶かす。
2. 湯煎で溶かしたミルクチョコレートに①を少量ずつ、数回に分けて加え、そのつどしっかりと混ぜて乳化させる。

アーモンドのプラリネ
Praliné amandes

1. 鍋にグラニュー糖と水を入れて火にかけ、115～118℃まで煮詰める。
2. ①の鍋にアーモンドダイスを加える。キャラメル化したら火からおろし、粗熱をとる。

組立て・仕上げ
Montage, Décoration

1. 直径6cm、高さ3cmのセルクルの内側下半分に帯状に切ったパート・シュクレ・オー・ザマンドを貼りつけ、底に直径5.5cmの円形にぬいたココナッツのサブレをはめる。150℃のコンベクションオーブンで20分間焼成する。
2. 焼き上げた生地にアーモンドのプラリネをちらし、ミルクチョコレートのガナッシュを流す。冷蔵庫に入れてやすませる。
3. 直径4cm、深さ2cmの凹みのあるフレキシパンの裏面を上に向け、直径6cm、高さ3cmのセルクルを凸部分にかぶせるように置く。ムース・オ・ショコラ・ブランをドロッパーに入れ、凸部分がかくれるまで流す。なお、フレキシパンとセルクルは、あらかじめ冷凍庫に入れて冷やしておく。
4. ③の上にビスキュイ・オ・ショコラ・サン・ファリーヌをのせ、冷凍庫で冷やし固める。固まったら型をはずす。
5. ②の上に④を、凹部分を上にして重ね、ムース・オ・ショコラ・ブランの凹みに薄皮をむいたデコポン2房とクレーム・アングレーズを入れ、オレンジの皮のコンフィを飾る。

Dacquoise aux Noix

....

クルミのダコワーズ

ぶ厚く焼き上げたダコワーズ生地の間と表面に、クルミのクレーム・ムースリーヌをたっぷりと配したダコワーズ。厚く仕上げたぶん、口の中で旨みがじわじわと広がり、ダコワーズ生地のおいしさをあらためて実感させてくれる。「個人的に、ナッツ系のムースリーヌのなかでは、クルミを使ったものが最高だと思っています」と安食シェフ。理由は、クルミのもつ渋みやえぐみが全体にメリハリを与え、味に奥行きが加わるため。仕上がりのイメージに合わせて、クルミペーストは店でロースト後に挽いた自家製を使用。これを極限まで空気を入れた軽やかなムースリーヌに合わせ、クルミの香りとこく、クリームのやさしい口溶けをともに楽しめる仕立てに。あとに残るクルミの渋みの余韻もじっくりと堪能したい。

材料（直径18cm、2台分）

パータ・ダコワーズ
Pâte à dacquoise

メレンゲ《meringue française》
- 卵白《blancs d'œufs》…360g
- 乾燥卵白《blancs d'œufs séchés》…16g
- グラニュー糖《sucre semoule》…108g

粉糖《sucre glace》…163g
アーモンドパウダー《amandes en poudre》…268g

クルミのクレーム・ムースリーヌ
Crème mousseline aux noix

クレーム・アングレーズ《crème anglaise》
…下記分量でつくり、150gを使用
- 牛乳《lait》…275g
- 生クリームA（乳脂肪分45%）
  《crème fraîche 45% MG》…60g
- 卵黄（加糖20%）
  《jaunes d'œufs 20% sucre ajouté》…90g
- ジュレ・デセール《gelée dessert》…5g
- 生クリームB（乳脂肪分45%）
  《crème fraîche 45% MG》…180g

発酵バター《beurre》…300g
クルミ（ロースト）のペースト《pâte de noix grillées》…100g
イタリアン・メレンゲ《meringue italienne》
…下記分量でつくり、60gを使用
- グラニュー糖《sucre semoule》…100g
- 水《eau》…30g
- 卵白《blancs d'œufs》…50g

缶詰で届くフランス・グルノーブル産のフレッシュなクルミ。軽くローストして香りを立たせてからフードプロセッサーでペースト状にする。

組立て・仕上げ
Montage, Décoration

クルミ（ロースト）《noix grillées》…100g
粉糖《sucre glace》…適量Q.S

つくり方

パータ・ダコワーズ
Pâte à dacquoise

❶ メレンゲをつくる。あらかじめ卵白、乾燥卵白、グラニュー糖を混ぜ合わせて冷凍したものを、解凍してから撹拌する（34頁参照）。生地に粘性があまり出ないようにグラニュー糖を少なめにしているため、しっかり冷やしておくことで、低い糖度でもピンとツノが立つメレンゲをつくることができる。

❷ ①をボウルに移し、粉糖とアーモンドパウダーを加え、ゴムベラでさっくりと混ぜる。

❸ 天板を2枚用意し、それぞれにオーブンペーパーを敷いて、直径18cm、高さ2cmのセルクルを2台ずつ置く。②を型に流し込み、パレットナイフですり切る。

❹ 型をはずし、茶漉しで粉糖（材料外）を2回に分けてふりかける。

❺ 170〜180℃のコンベクションオーブンで約15分間焼成する。

クルミのクレーム・ムースリーヌ
Crème mousseline aux noix

1. 鍋に牛乳と生クリームA、グラニュー糖を入れて中火にかけ、沸いたら卵黄を合わせてクレーム・アングレーズをつくる。
2. 80〜82℃になったら火からおろし、ジュレ・デセールを加え、木ベラで混ぜて溶かす。鍋の底を流水や氷水にあてて冷やす。
3. 30℃まで冷やしたら、生クリームBを加えてゴムベラでよく混ぜ、ストレーナーで漉す。
4. ミキサーボウルに室温に戻したバターを入れ、中速で空気を含ませながら撹拌する。
5. ④に③とクルミのペーストを加え、中速で混ぜ合わせる。
6. ⑤をボウルに移し、イタリアン・メレンゲ（つくり方は35頁参照）を加え、ゴムベラでていねいに混ぜ合わせる。

組立て・仕上げ
Montage, Décoration

1. パータ・ダコワーズ1枚を、焼き目を下にして回転台の上に置き、口径1.5cmの丸口金でクルミのクレーム・ムースリーヌを絞る。まず、円形の生地の縁に沿ってまるく絞り出し、その中に中心から渦巻き状に絞る。
2. きざんだクルミの半量を、絞ったクレーム・ムースリーヌの上に均等にちらす。
3. もう1枚のパータ・ダコワーズを、焼き目を上にして②に重ね、クルミのクレーム・ムースリーヌをパレットナイフで上面にぬり広げる。
4. パレットナイフで好みの模様をつける。
5. 残りのクルミを上面にちらし、茶漉しで粉糖をふる。

Makaha-4

....

マカハ-4

ダコワーズ生地、キャラメル風味のムース、マンゴーとパッションフルーツのクリーム、ココナッツ風味のムースを重ねたトロピカルスイーツ。全体的に軽やかな口あたりで、ココナッツの甘い香りと、マンゴーとパッションフルーツの酸味と甘みが印象的だ。トップには、ココナッツピュレ入りのホワイトチョコレートのガナッシュを絞り、棒状のココナッツファイン入りのメレンゲを立てて、立体的にデコレーション。断面に鮮やかなオレンジ色のクリームをドット状に見せるなど、ビジュアル面にも工夫が凝らされている。商品名は、ハワイの有名なサーフポイント「マカハ」に由来。「4」は4回リニューアルをしているという意味。ネーミングには、サーフィンをライフスタイルとしているシェフの遊び心が表れている。

材料（37cm×27cmのカードル2台分）

パータ・ダコワーズ
Pâte à dacquoise

メレンゲ《meringue française》
- グラニュー糖《sucre semoule》…135g
- 乾燥卵白《blancs d'œufs séchés》…20g
- 卵白《blancs d'œufs》…450g

アーモンドパウダー《amandes en poudre》…334g
粉糖《sucre glace》…203g
薄力粉《farine de blé tendre》…30g
ココナッツファイン《noix de coco râpée》…適量 Q.S

ココナッツ風味のメレンゲ
Meringue au coco

（下記はつくりやすい分量）
卵白《blancs d'œufs》…265g
グラニュー糖《sucre semoule》…465g
粉糖《sucre glace》…45g
ココナッツファイン《noix de coco râpée》…105g

マンゴーとパッションフルーツのクリーム
Crème de mangue-passion

マンゴーのピュレ《purée de mangue》…184g
パッションフルーツのピュレ
《purée de fruit de la passion》…184g
グラニュー糖《sucre semoule》…112g
全卵《œufs entiers》…140g
卵黄《jaunes d'œufs》…112g
発酵バター《beurre》…200g

キャラメル風味のムース
Mousse au caramel

キャラメル風味のクレーム・アングレーズ《crème anglaise au caramel》
- グラニュー糖《sucre semoule》…194g
- 牛乳《lait》…220g
- 生クリームA（乳脂肪分35%）《crème fleurette 35% MG》…220g
- 卵黄（加糖20%）《jaunes d'œufs 20% sucre ajouté》…166g

板ゼラチン《feuilles de gélatine》…16g
ホワイトチョコレート（ヴァローナ「イボワール」）
《chocolat blanc》…150g
生クリームB（乳脂肪分35%）《crème fleurette 35% MG》…620g

ココナッツ風味のムース
Mousse au coco

ココナッツのピュレA（ボワロン）《purée de noix de coco》…280g
ココナッツのピュレB（アヤム「アヤムココナッツミルク」）
《purée de noix de coco》…600g
板ゼラチン《feuilles de gélatine》…15g
ホワイトチョコレート（ヴァローナ「イボワール」）《chocolat blanc》…400g
生クリーム（乳脂肪分35%）《crème fleurette 35% MG》…550g

ココナッツ風味のホワイトチョコレートのガナッシュ
Ganache blanche au coco

（下記はつくりやすい分量）
ホワイトチョコレート（ヴァローナ「イボワール」）
《chocolat blanc》…15g
生クリーム（乳脂肪分40%）《crème fraîche 40% MG》…150g
脱脂粉乳《lait écrémé en poudre》…3.3g
ココナッツのピュレ（アヤム「アヤムココナッツミルク」）
《purée de noix de coco》…20g

つくり方

パータ・ダコワーズ
Pâte à dacquoise

❶ メレンゲをつくる（34頁参照）。仕上がりはつやがあり、きめが安定して非常にしなやか。ミキサーだけではどうしても混ぜむらが残るので、最後はメレンゲをボウルに移して泡立て器を使ってハンドホイップし、全体をきめ細かく均一にととのえる。

❷ ①の作業と並行して、アーモンドパウダーと粉糖、薄力粉を合わせてふるっておく。これを4回に分けて①に加え、そのつどボウルをまわしつつ、ゴムベラで底から返すようにしながら混ぜ合わせる。

❸ 天板を4枚用意し、それぞれにシルパットをのせてココナッツファインを全面にふり、カードルを置いて跡をつけておく。口径1.2cmの丸口金をつけた絞り袋に②を入れ、カードルのサイズに合わせて生地を絞る。

❹ ふるいで粉糖（材料外）を2回に分けてふって、180℃のコンベクションオーブンに入れ、ダンパーを開けて約15分間焼成。オーブンに入れて10分経ったら天板の前後を入れ替えてさらに4分間焼き、生地の色を見て必要であればさらに1～2分間焼く。

ココナッツ風味のメレンゲ
Meringue coco

❶ ミキサーボウルに卵白を入れ、グラニュー糖を数回に分けて加え混ぜ、メレンゲをつくる（34 頁参照）。
❷ ①をボウルに移し、粉糖とココナッツファインを加え、ゴムベラでよく混ぜ合わせる。
❸ 天板にオーブンペーパーを敷き、口径 7mm の丸口金をつけた絞り袋に②を入れ、棒状に絞る。上火 130℃・下火 130℃の平窯に入れ、ダンパーを開けて、約 1 時間 30 分焼成。ココナッツファインが入っているため、焼き色がつきやすいので注意する。

マンゴーとパッションフルーツのクリーム
Crème de mangue-passion

❶ 鍋にマンゴーのピュレとパッションフルーツのピュレ、グラニュー糖、ときほぐした全卵と卵黄を入れて火にかける。泡立て器でかき混ぜながら加熱し、空気を含ませながら濃度をつける。
❷ 85℃前後になったら火からおろし、鍋底を流水や氷水に浸けて 45℃まで冷ます。
❸ ②を、ストレーナーで漉しながらフードプロセッサーに入れ、バターを加えて撹拌する。
❹ ③をボウルに移し、ラップフィルムを落としぶたのように液面に密着させて、冷蔵庫でひと晩ねかせる。

キャラメル風味のムース
Mousse au caramel

❶ キャラメルをつくる。鍋にグラニュー糖を入れ、強火にかける。この作業と並行して、別の鍋に牛乳と生クリーム A を入れ、火にかけて沸かす。
❷ ①のグラニュー糖が溶けて透明の液状になったら弱火にし、適宜鍋をゆすって均一に色づけていく。あとでたっぷりのホイップクリームと合わせるので、ここではしっかり色をつけた苦めのキャラメルをつくっておく。
❸ ①の沸かした牛乳と生クリームを少量ずつ、数回に分けて②に加え、そのつどしっかり混ぜ合わせる。
❹ ③の一部を、卵黄を入れたボウルに加え、泡立て器で混ぜ合わせたあと鍋に戻し、キャラメル風味のクレーム・アングレーズをつくる。
❺ ④が 80 〜 82℃になったら鍋を火からおろし、水（材料外）に浸けて戻した板ゼラチンを溶かし混ぜ、鍋底を流水や氷水にあてて 45℃まで冷ます。ストレーナーで漉しながら、ボウルに移す。
❻ ホワイトチョコレートを別のボウルに入れて湯煎で溶かし、⑤を少量ずつ数回に分けて加え、そのつど泡立て器でしっかり混ぜて乳化させる。
❼ ハンドミキサーで撹拌し、きめをととのえる。
❽ ⑦に 7 分立てにした生クリーム B を数回に分けて加え、そのつどゴムベラで混ぜてよくなじませる。

ココナッツ風味のムース
Mousse au coco

❶ 鍋に2種類のココナッツピュレと水（材料外）に浸けて戻した板ゼラチンを入れて火にかけ、泡立て器で混ぜて板ゼラチンを溶かす。40℃になったら火からおろして、ストレーナーで漉してボウルに移す。
❷ 別のボウルにホワイトチョコレートを入れて湯煎で溶かし、①を少量ずつ、数回に分けて加え、そのつど泡立て器でしっかり混ぜて乳化させる。
❸ ハンドミキサーで撹拌し、きめをととのえる。
❹ ③に7分立てにした生クリームを加え、ゴムベラで混ぜてよくなじませる。

ココナッツ風味のホワイトチョコレートのガナッシュ
Ganache blanche au coco

ボウルにホワイトチョコレートを入れて湯煎で溶かし、沸かした生クリームを加え、泡立て器で混ぜながら乳化させる。ボウルの底を氷水にあてて冷やし、冷蔵庫に入れてひと晩ねかせる。翌日、冷蔵庫からとり出し、脱脂粉乳とココナッツのピュレを合わせ、ミキサーで5分立てに。使う直前にボウルの底を氷水にあてながら、泡立て器でしっかりと9分立てまでハンドホイップする。

組立て・仕上げ
Montage, Décoration

❶ 焼き上がったパータ・ダコワーズ4枚を、カードルのサイズに合わせてカットする。そのうち2枚を、プラックにのせたカードル2台の底に1枚ずつ敷く。
❷ ①の上にキャラメル風味のムースを、カードル1台につき725g流し入れる。冷凍庫に入れて冷やし固める。
❸ ②の上に、残りのパータ・ダコワーズを重ねる。
❹ 口径1cmの丸口金をつけた絞り袋にマンゴーとパッションフルーツのクリームを入れ、③の上にまるく、ランダムに絞る。断面にクリームの模様が出るよう、カードルと接する部分にもきちんと絞っておく。
❺ ④の上にココナッツ風味のムースを、カードル1台につき920g流し入れる。冷凍庫に入れて冷やし固める。
❻ ⑤を4.5cm×4.4cmに切り分け、サントノレ用の口金でココナッツ風味のホワイトチョコレートのガナッシュを絞る。
❼ ココナッツ風味のメレンゲを適当な長さに折り、ココナッツ風味のホワイトチョコレートのガナッシュに貼りつけるようにして立体的に飾る。

Grenoblois

....

グルノブロワ

ダコワーズ生地と、クルミのクレーム・ムースリーヌを重ねた8層仕立てのプチガトー。クルミを主役にした茶系の仕上がりで、一見して秋冬向けのどっしりとしたケーキに見えるが、ここにさわやかなオレンジを合わせたところが安食シェフならでは。間に挟んだクリームには、自家製のクルミペーストとオレンジの皮のほか、カリッとしたクルミのローストとさわやかなオレンジの皮のコンフィも加え、風味と食感を強調。上面にはホワイトチョコレートのガナッシュをのせ、さらに歯ざわりのよいクルミのサブレとオレンジコンフィを飾り、どこを食べてもクルミとオレンジの風味、食感を楽しめる構成に。旨みたっぷりのクルミと、みずみずしいオレンジが互いに引き立て合う、季節を問わず楽しめる一品に仕上げた。

材料（4.5cm×4.4cm、48個分）

パータ・ダコワーズ
Pâte à dacquoise

メレンゲ《meringue française》
- グラニュー糖《sucre semoule》…224g
- 乾燥卵白《blancs d'œufs séchés》…32.5g
- 卵白《blancs d'œufs》…750g

アーモンドパウダー《amandes en poudre》…555g
粉糖《sucre glace》…336g
薄力粉《farine de blé tendre》…49g

クルミのクレーム・ムースリーヌ
Crème mousseline aux noix

クレーム・アングレーズ《crème anglaise》
…下記分量でつくり、225gを使用
- 牛乳《lait》…275g
- 生クリームA（乳脂肪分45%）
  《crème fraîche 45% MG》…60g
- グラニュー糖《sucre semoule》…30g
- 卵黄（加糖20%）
  《jaunes d'œufs 20% sucre ajouté》…112g
- 生クリームB（乳脂肪分45%）
  《crème fraîche 45% MG》…180g

クルミ（ロースト）のペースト
《pâte de noix grillées》…150g
オレンジの皮《zests d'oranges》…1/2個分
イタリアン・メレンゲ《meringue italienne》
…下記分量でつくり、90gを使用
- グラニュー糖《sucre semoule》…150g
- 水《eau》…45g
- 卵白《blancs d'œufs》…75g

発酵バター《beurre》…450g
オレンジの皮のコンフィ《zests d'oranges confits》…80g

ホワイトチョコレートのガナッシュ
Ganache blanche

ホワイトチョコレート（ヴァローナ「イボワール」）
《chocolat blanc》…30g
生クリーム（乳脂肪分40%）《crème fraîche 40% MG》…300g
脱脂粉乳《lait écrémé en poudre》…6.6g

クルミのサブレ
Sablé aux noix

発酵バター《beurre》…125g
粉糖《sucre glace》…63g
塩《sel》…0.5g
クルミ（生）のペースト《pâte de noix》…125g
卵黄《jaunes d'œufs》…19g
中力粉《farine de blé mitadin》…148g
脱脂粉乳《lait écrémé en poudre》…5g

組立て・仕上げ
Montage, Décoration

クルミ（ロースト）《noix grillées》…120g
粉糖《sucre glace》…適量 Q.S
オレンジの皮のコンフィ《zests d'oranges confits》…適量 Q.S

つくり方

パータ・ダコワーズ
Pâte à dacquoise

❶ メレンゲをつくる（34頁参照）。仕上がりはつやがあり、きめが安定して非常にしなやか。ミキサーだけではどうしても混ぜむらが残るので、最後はメレンゲをボウルに移して泡立て器を使ってハンドホイップし、全体をきめ細かく均一にととのえる。

❷ ①の作業と並行して、アーモンドパウダーと粉糖、薄力粉を合わせてふるっておく。これを4回に分けて①に加え、そのつどボウルをまわしながら、ゴムベラで底から返すようにして混ぜ合わせる。

❸ シルパット4枚に②をラクレットパスカルでそれぞれ厚さ1cmにのばす。

❹ ③の上に37cm×27cmのカードルをセットし、カードルからはみ出た生地をとり除く。

❺ シルパットごと天板に移して、それぞれ上に粉糖（材料外）を2回に分けてふる。

❻ 180℃のコンベクションオーブンに入れ、ダンパーを開けてまず10分間焼成。天板の前後を入れ替えてさらに3〜4分間焼く。焼き上がったらカードルをはずし、粗熱をとる。

クルミのクレーム・ムースリーヌ
Crème mousseline aux noix

❶ クレーム・アングレーズをつくる（32頁参照）。同店ではクレーム・アングレーズはさまざまな菓子に使うので、前日に仕込んでおき、当日それぞれの菓子に必要な分量を計量してストレーナーで漉す。
❷ クレーム・アングレーズにクルミのペーストを加える。クルミのペーストは自家製で、150℃のコンベクションオーブンで約8分間（平窯なら上火・下火ともに180℃前後で10分間弱）焼成したクルミをフードプロセッサーでサラサラの状態になるまで撹拌したもの。
❸ オレンジの皮をすりおろして加える。
❹ ゴムベラで全体をまんべんなく混ぜ、冷蔵庫に入れてやすませる。
❺ イタリアン・メレンゲをつくる（35頁参照）。
❻ ❺の作業と並行して、ミキサーボウルにサイコロ状に切って室温に戻しておいたバターを入れてミキサーにセットし、最初は低速で練るように混ぜ、徐々に速度を上げ、空気を最大限に含ませるようにじっくりと泡立てる。途中何度かミキサーを止めて、ボウルの内側側面についたバターをゴムベラで下に落とす。
❼ 写真のように全体が白っぽくふんわりとしてきたらいったん止める。
❽ ❹を❼に加え、さらに中速で撹拌する。
❾ 全体が均一に混ざったら、きざんだオレンジの皮のコンフィとともに、❺のイタリアン・メレンゲを入れたボウルに加える。
❿ ゴムベラで底から返すようにしながら、均一にさっくりと混ぜる。この作業が終わったらすぐに組立てに入る。

ホワイトチョコレートのガナッシュ
Ganache blanche

❶ ボウルにホワイトチョコレートを入れ、湯煎で溶かす。一方で、鍋に生クリームを入れ、火にかけて沸かす。
❷ チョコレートが溶けたら、生クリームを少しずつ加えて、泡立て器で混ぜながら乳化させる。
❸ 乳化した状態。最初は分離するが、徐々にとろんとして、マヨネーズのような状態になる。
❹ しっかり乳化させたら、生クリームの残りの4分の1量程度を加えて全体をのばし、残りを一気に加えてよく混ぜ合わせる。
❺ ボウルの底を氷水にあてながら混ぜ、温度を10℃まで下げてから、冷蔵庫に入れてひと晩ねかせる。
❻ 翌日、冷蔵庫からとり出し、脱脂粉乳を加え、まずミキサーで5分立てに。使う直前にボウルの底を氷水にあてながら、泡立て器でしっかりと9分立てまでハンドホイップする。

クルミのサブレ
Sablé aux noix

1. ボウルに室温に戻したバターを入れ、泡立て器でマヨネーズ状に練る。固いようならボウルの底をさっと直火にあてて温めてから練るとよい。ここに粉糖、塩を加えて泡立て器ですり混ぜる。
2. クルミのペースト、卵黄を順に加え、そのつど泡立て器でよくすり混ぜる。なお、このクルミのペーストも、クルミのクレーム・ムースリーヌに使用するものと同じく自家製。ただし、こちらはあとから火を入れるため、クルミは生のままペーストにする。ローストしていないため、前出のものほどサラサラにはならず、とろんとした仕上がり。
3. 中力粉と脱脂粉乳を合わせてから②に加え、ゴムベラで切るようにしながら、粉けがなくなるまで混ぜる。
4. カードに持ち替えて、全体をなじませるようにざっと混ぜる。
5. ラップフィルムの上にとり出し、厚さ1cmくらいになるようにのばしてびっちりと包み、ひと晩冷蔵庫でねかせる。
6. 翌日、冷蔵庫から生地をとり出し、適当な大きさにカットし、格子状の網に生地を押しつけるようにしてサイコロ状のクランブルをつくる。
7. ⑥を天板に並べて150℃のコンベクションオーブンに入れ、ダンパーを開けてまず5分間ほど焼き、天板の前後を入れ替えてさらに5分間ほど焼成。できれば作業の合間に焼き上げておくようにする。

組立て・仕上げ
Montage, Décoration

1. パータ・ダコワーズをシルパットからはがし、1枚につき、クルミのクレーム・ムースリーヌ300gをのせ、パレットナイフで均一にのばす。
2. ①の上にクルミを3分の1量ずつちらす。クルミは、150℃のコンベクションオーブンで約8分間ローストしてからきざんでおく。焼成の時間と温度はクレーム・ムースリーヌに使用するものと同じなので、まとめて準備しておくとよい。
3. 生地とクリーム、クルミのセットを3層に重ね、最後に4枚目の生地をかぶせる。ちなみにこの生地だけ、シルパットに接していた面を上に向けてのせる。残ったクリームを上面にぬり広げ、冷蔵庫に入れて冷やし固める。
4. ③を4.5cm×4.4cmの直方体にカットする。よりきれいにカットしたければ、一度しっかり冷凍し、1時間ほど冷蔵庫で自然解凍してから切るとよい。
5. ホワイトチョコレートのガナッシュを直径1cmの丸口金をつけた絞り袋に入れ、上面にこんもりとまるく絞る。
6. まるく絞ったホワイトチョコレートのガナッシュをパレットナイフで山形にととのえる。
7. クルミのサブレをのせる。
8. 仕上げに粉糖をふり、オレンジの皮のコンフィを飾る。

Honey Hunt

....

ハニーハント

ディズニーランドの人気アトラクション「プーさんのハニーハント」からヒントを得て考案。視覚効果のみならず、実際に甘い芳香に包まれる同アトラクション同様、大人も子どもも幸せになるような甘い風味をぎゅっと詰め込んだ一品だ。核となるムースには、南仏・プロヴァンス産の濃厚なハーブハチミツを使用。中心にはマダガスカル産のバニラをふんだんに使ったクリームを仕込み、上面にはキャラメルソースを配してキレをプラス。底の生地はメープル風味のビスキュイ・ジョコンドをトーストしたもので、こうばしさと適度な歯ごたえを添えている。ハチミツ、バニラ、キャラメル、メープルシロップという個性の異なる甘い素材を組み合わせながらも、トータルで心地よい甘みになるように調整されている。

材料（直径6cm、高さ3.5cmの六角型80〜90個分）

メープル風味のビスキュイ・ジョコンド
Biscuit Joconde au érable

アーモンドパウダー《amandes en poudre》…172g
粉糖《sucre glace》…57g
メープルシュガー《sucre d'érable》…24g
ローマジパン《pâte d'amandes crue》…50g
全卵《œufs entiers》…160g
卵黄《jaunes d'œufs》…100g
メレンゲ《meringue française》
├ グラニュー糖《sucre semoule》…195g
├ 乾燥卵白《blancs d'œufs séchés》…7g
└ 卵白《blancs d'œufs》…354g
薄力粉《farine de blé tendre》…154g
溶かしバター《beurre fondu》…60g

ハチミツのムース
Mousse au miel

卵黄(加糖20%)《jaunes d'œufs》…376g
板ゼラチン《feuilles de gélatine》…35g
ハチミツ《miel》…658g
生クリーム(乳脂肪分42%)
《crème fraîche 42% MG》…1872g

バニラ風味のクリーム
Crème à la vanille

バニラ風味のクレーム・アングレーズ
《crème anglaise à la vanille》
├ バニラビーンズ《gousses de vanille》…2本
├ 牛乳《lait》…800g
├ 生クリーム A(乳脂肪分45%)
│ 《crème fraîche 45% MG》…200g
├ グラニュー糖《sucre semoule》…25g
├ トレハロース《tréhalose》…66g
└ 卵黄(加糖20%)《jaunes d'œufs 20% sucre ajouté》…375g
ジュレ・デセール《gelée dessert》…53g
生クリーム B(乳脂肪分45%)
《crème fraîche 45% MG》…600g

キャラメルソース
Sauce au caramel

グラニュー糖《sucre semoule》…300g
生クリームC (乳脂肪分35%)
《crème fleurette 35% MG》…450g
生クリームD (乳脂肪分35%)
《crème fleurette 35% MG》…120g

組立て・仕上げ
Montage, Décoration

イタリアン・メレンゲ《meringue italienne》
…下記分量でつくり、適量を使用
├ グラニュー糖《sucre semoule》…100g
├ 水《eau》…30g
└ 卵白《blancs d'œufs》…50g
メープル風味のシロップ《sirop d'érable》*
…下記分量でつくり、適量を使用
├ メープルシロップ《sirop d'érable》…500g
└ 水《eau》…100g
シナモンパウダー《cannelle en poudre》…適量Q.S
粒状チョコレート(ヴァローナ「パール・ショコラ」)
《perles chocolat noir》…適量Q.S

＊小鍋にメープルシロップと水を入れて火にかけ、軽く混ぜてメープルシロップを溶かし、沸いたら火からおろす(使用時に約40℃に温める)。

ラベンダーやミントなど、南仏産ハーブの蜜をブレンドしたプロヴァンス産のハチミツを使用。ムースなどに混ぜても存在感を残す力強い風味が特徴。

断面

バニラ風味のクリームを包んだハチミツのムース。フォークを入れるとキャラメルソースがとろりと流れる。

つくり方

メープル風味の ビスキュイ・ジョコンド
Biscuit Joconde au érable

❶ フードプロセッサーにアーモンドパウダー、粉糖、メープルシュガーを入れ、ざっと混ぜ合わせる。

❷ ローマジパンをちぎって重ならないように入れ、全体が混ざるまで 30〜40 秒間まわす。

❸ 全卵と卵黄をボウルに入れて、3 回に分けて②に加える。まず 3 分の 1 量程度を加えて 15 秒間ほどまわし、いったん止めて内側側面についた生地をはらい、中心に集める。残りの卵の半量を入れて 50 秒間ほどまわし、同様にまわりの生地を中心にまとめる。さらに残りの卵を加えて 1 分間ほどまわす。

❹ 全体がなめらかになったら、ボウルにとり出す。混ぜ終わりはつやのある固めのクリーム状。

❺ メレンゲをつくる（34 頁参照）。

❻ メレンゲを軽く泡立て器で混ぜ、泡立て器でひとすくいして④に加える。ボウルをまわしながら、ゴムベラで底からすくうようにして混ぜる。④の生地をメレンゲでのばすようなつもりでまんべんなく混ぜ合わせる。

❼ 残りのメレンゲの半量を加え、同様に混ぜる。ただし、ここからは泡をつぶさないように注意しながら、ざっくりと混ぜる。

❽ ふるっておいた薄力粉を加え、同様に混ぜる。

❾ メレンゲの残りを加えて同様に混ぜる。約 60℃の溶かしバターを加え、ボウルをまわしながら、全体が均一な状態になるように混ぜ合わせる。

❿ オーブンペーパーを敷いた 38.5cm×27.5cm の天板 2 枚に、⑨をそれぞれ 630g ずつ入れる。カードで均一に広げてから、表面を平らにならす。

⓫ 上火・下火ともに 200℃の平窯に入れて 14〜15 分間焼成。とり出したらすぐに紙ごと網にのせて冷ます。

ハチミツのムース
Mousse au miel

❶ ミキサーボウルに卵黄を入れ、ミキサーにセットし、低速でじっくりと時間をかけて泡立てる（約1時間）。
❷ 卵黄を泡立てている間に、水（材料外）で戻しておいた板ゼラチンの水けをきり、キッチンペーパーの上に置いて余分な水分をとりのぞいておく。
❸ 鍋にハチミツを入れて中火にかけ、120℃まで加熱する。100℃を超えると表面がぶくぶくと泡立ってくるが、そのまま加熱。120℃になったら火を止め、鍋をゆすって泡を消す。
❹ ①のミキサーを高速にし、③を一定の速度と太さで注ぎ入れる。注ぐ時の太さは1cmほど。入れ終わってから1分間高速でまわし、さらに中速に落として1分間、その後中低速で1分間まわし、粗かった泡のきめを細かく均一にととのえる。
❺ さらに低速で1分間まわす。この間に②のゼラチンを加えて溶かし込む。この時点で40～45℃になっているのが理想的。温度が高いようなら、もう少しまわして温度を下げる。
❻ 生クリームを6分立てにし、⑤と混ぜ合わせる。

バニラ風味のクリーム
Crème à la vanille

❶ バニラビーンズをペティナイフで縦にさき、中の種をしごき出しておく。鍋に牛乳、生クリームA、グラニュー糖、トレハロース、バニラビーンズのさやと種を入れて泡立て器でざっとまぜ、中火にかけて沸かす。
❷ ボウルに卵黄を入れ、①の3分の1量を加えて泡立て器でよく混ぜる。
❸ ②を鍋に戻し、中火にかけてクレーム・アングレーズを炊く。バニラビーンズのさやがやわらかくなってきたら、さやに残った種を指でしごいて鍋に入れる。火のあたりが均一になるように、時々鍋を動かしながら、木ベラで底に「の」の字を書くように混ぜる。
❹ ③が80～82℃になったら火からおろし、ジュレ・デセールを加え、泡立て器でまんべんなく混ぜる。
❺ 鍋底を流水にあてたあと氷水にあて、木ベラで混ぜながら30℃まで冷やす。
❻ 生クリームBを⑤に加える。木ベラを鍋底につけたまま、ゆっくりと全体を混ぜ合わせる。
❼ ⑥をストレーナーで漉す。
❽ ⑦をドロッパーに入れ、直径4cm、深さ2cmの凹みのついたフレキシパンに流して、冷凍庫で冷やし固める。

キャラメルソース
Sauce au caramel

❶ キャラメルをつくる。鍋にグラニュー糖を入れ、強火にかける。
❷ ①の作業と並行して、別の鍋に生クリームCを入れ、中火にかける。
❸ ①のグラニュー糖が溶けて透明の液状になったら弱火にし、適宜鍋をゆすって均一に色づけていく。濃さは好みによって調整する。
❹ ②の生クリームのまわりがフツフツと泡立ってきたら（温度にして約80℃）、火からおろし、3〜4回に分けて③に加える。1回加えるごとに、木ベラでつやが出るまでよく混ぜる。最初のうちは分離しやすいので少量ずつ加え、全体がなじんできたら徐々に加える量を増やす。
❺ 鍋底を氷水にあて、木ベラで鍋底をこするようにしながら、ゆっくりと混ぜながら冷ます。徐々につやととろみが出てくる。
❻ ⑤が30℃まで冷えたら、生クリームDを加えてよく混ぜ合わせる。ストレーナーで漉して、冷蔵庫でひと晩ねかせる。ねかせることで全体が締まり、とろみが増すとともに、味もなじむ。

組立て・仕上げ
Montage, Décoration

❶ 仕上げたばかりのハチミツのムースを、すぐに口径1cmの丸口金をつけた絞り袋に入れ、プラックに並べた六角型に、上から8mmくらいの高さまで絞り入れる。
❷ 冷やし固めておいたバニラ風味のクリームをフレキシパンからぬき、六角型の中心に入れる。完全に埋め込むのではなく、ムースとバニラ風味のクリームがほぼ同じ高さになるようにする。冷凍庫に入れて冷やし固める。
❸ ②を固めている間に、生地の仕上げと、イタリアン・メレンゲ（つくり方は35頁参照）の準備をする。メープル風味のビスキュイ・ジョコンドは、粗熱がとれたら裏返して紙をはがし、六角型でぬく。
❹ 六角形にぬいたビスキュイ・ジョコンドを天板に並べ、150℃のコンベクションオーブンで約8分間（平窯であれば上火・下火ともに180℃で約10分間）、食パンをトーストする感覚で焼成する。
❺ トーストした生地を、メープル風味のシロップに数秒間浸ける。
❻ ⑤をバットに並べ、上からシナモンパウダーを軽くふる。
❼ ②を冷凍庫からとり出し、上下を返してバニラ風味のクリームが見える面を下にして生地にのせ、型をはずす。
❽ 口径7mmの丸口金をつけた絞り袋にイタリアン・メレンゲを入れ、⑦の上面にリング状に絞る。
❾ ガスバーナーで、イタリアン・メレンゲにさっと焼き色をつける。
❿ キャラメルソースをドロッパーに入れて、イタリアン・メレンゲの輪の中に流す。仕上げに粒状のチョコレートを飾る。

ユウジアジキのオリジナル菓子 | 美和

Miwa

....

美和

「ハニーハント」(142頁参照) のアレンジで、「和素材×フランス菓子のマリアージュ」がコンセプト。濃厚な抹茶クリームを抱き込んだバニラムースの上には、ほろ苦い黒糖キャラメルソース。底は黒糖＆きな粉風味の生地だ。素材の3本柱は黒糖、抹茶、きな粉。それらのつなぎ役として、低速でじっくりと泡立てたバニラムースを配した。中に仕込んだ芳醇な抹茶クリームは、抹茶をたっぷり使用して、味や風味に存在感をもたせたもの。特徴的なのが底に敷いた黒糖風味のビスキュイ・ジョコンド。焼き上げてから型でぬき、ふたたび窯に入れて焼成する。きな粉を生地に練り込むのではなく、最後にまぶしつけるのもポイント。見た目も製法もフランス菓子ながら、和素材のおいしさに開眼させられる一品。

材料（直径6cm、高さ3.5cmの六角型 40〜45個分）

黒糖風味のビスキュイ・ジョコンド
Biscuit joconde au kokuto

アーモンドパウダー《amandes en poudre》…86g
粉糖《sucre glace》…50g
黒糖《sucre de canne complet》…13g
ローマジパン《pâte d'amandes crue》…30g
全卵《œufs entiers》…80g
卵黄《jaunes d'œufs》…50g
メレンゲ《meringue française》
　┌ グラニュー糖《sucre semoule》…75g
　├ 乾燥卵白《blancs d'œufs séchés》…3.5g
　└ 卵白《blancs d'œufs》…177g
薄力粉《farine de blé tendre》…154g
溶かしバター《beurre fondu》…60g

バニラのムース
Mousse à la vanille

卵黄(加糖20%)《jaunes d'œufs 20% sucre ajouté》
…250g
バニラビーンズ《gousses de vanille》…2本
水《eau》…50g
水アメ《glucose》…200g
板ゼラチン《feuilles de gélatine》…16.5g
生クリーム(乳脂肪分42%)《crème fraîche 42% MG》
…1000g

抹茶風味のクリーム
Crème au matcha

抹茶風味のクレーム・アングレーズ
《crème anglaise au matcha》
　┌ 抹茶《matcha》…30g
　│ 米油《huile de riz》…30g
　│ 牛乳《lait》…400g
　│ 生クリームA(乳脂肪分45%)
　│ 《crème fraîche 45% MG》…100g
　│ グラニュー糖《sucre semoule》…25g
　│ トレハロース《tréhalose》…20g
　└ 卵黄(加糖20%)《jaunes d'œufs 20% sucre ajouté》…187g
ジュレ・デセール《gelée dessert》…20g
生クリームB(乳脂肪分45%)
《crème fraîche 45% MG》…300g

黒糖キャラメルソース
sauce au caramel kokuto

グラニュー糖《sucre semoule》…150g
生クリームC (乳脂肪分35%)
《crème fleurette 35% MG》…300g
黒糖《sucre de canne complet》…50g
生クリームD (乳脂肪分45%)
《crème fraîche 45% MG》…100g

組立て・仕上げ
montage, Décoration

イタリアン・メレンゲ《meringue italienne》
…下記分量でつくり、適量を使用
　┌ グラニュー糖《sucre semoule》…100g
　├ 水《eau》…30g
　└ 卵白《blancs d'œufs》…50g
黒糖シロップ《sirop de kokuto》*
…下記分量でつくり、適量を使用
　┌ 黒糖《sucre de canne complet》…200g
　└ 水《eau》…240g
きな粉《farine de soja torréfié》…適量 Q.S
飾り用黒糖《sucre de canne complet pour décor》…適量 Q.S

＊小鍋に黒糖と水を入れて火にかけ、軽く混ぜて黒糖を溶かし、沸いたら火からおろす（使用時に約40℃に温める）。

断面

抹茶風味のクリームをバニラのムースで包み、ムースの上に黒糖キャラメルソースを配した。土台は黒糖風味のビスキュイ・ジョコンド。色も鮮やか。

つくり方

黒糖風味のビスキュイ・ジョコンド
Biscuit Joconde au kokuto

❶ フードプロセッサーにアーモンドパウダー、粉糖、黒糖を入れ、ざっと混ぜ合わせる。
❷ ローマジパンをちぎって重ならないように入れ、全体が混ざるまで30〜40秒間まわす。
❸ 全卵と卵黄をボウルに入れ、3回に分けて②に加える。まず3分の1量程度を加えて15秒間ほどまわし、いったん止めて内側側面についた生地をはらい、中心に集める。残りの卵の半量を入れて50秒間ほどまわし、同様にまわりの生地を中心にまとめる。さらに残りの卵を加えて1分間ほどまわす。
❹ 混ぜ終わりはなめらかで、つやのある固めのクリーム状。ボウルにとり出す。
❺ メレンゲをつくる（34頁参照）。仕上がりの目安は、ツノの先がたれるくらい。
❻ メレンゲを軽く泡立て器で混ぜ、泡立て器でひとすくいして④に加える。ボウルをまわしながらゴムベラで底からすくうようにして混ぜる。④の生地をメレンゲでのばすようなつもりでまんべんなく混ぜ合わせる。
❼ 残りのメレンゲの半量を加え、同様に混ぜる。ただし、ここからは泡をつぶさないよう注意しつつ、ざっくりと混ぜていく。
❽ ふるっておいた薄力粉を加え、同様に混ぜる。
❾ メレンゲの残りを加えて同様に混ぜる。
❿ 最後に約60℃の溶かしバターを加えて均一に混ぜる。
⓫ オーブンペーパーを敷いた38.5cm×27.5cmの天板に⑩を入れ、カードで厚さ約1cmに広げる。
⓬ 上火・下火ともに200℃の平窯に入れ、14〜15分間焼成。とり出したらすぐに紙ごと網にのせて冷ます。焼き上がりの厚みは約1.5cm。

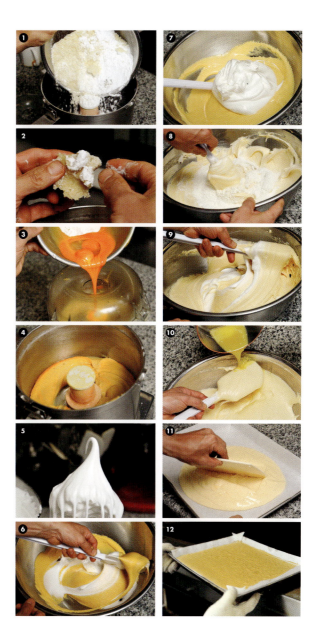

バニラのムース
Mousse à la vanille

❶ ミキサーボウルに卵黄とバニラビーンズの種を入れ、ミキサーにセットし、低速でじっくりと時間をかけて泡立てる（約1時間）。
❷ ミキサーをまわしている間に中身が乾燥しないよう、ミキサーの上からボウルの口を、ぴったりとラップフィルムでおおっておく。卵黄の泡立てに時間がかかるため、この間に抹茶風味のクリーム、黒糖風味のビスキュイ・ジョコンドを仕込んでおくと、あとの作業がスムーズ。
❸ ミキサーをまわしはじめて40～45分経過し、卵黄がふっくらと白っぽくなり、ボリュームが倍以上になったところで、小さな鍋に水と水アメを入れて火にかけてシロップをつくる。通常、シロップは115～118℃まで火を入れるが、水アメの粘性があるため、ここでは108℃で火からおろす。水アメを使うと、グラニュー糖よりも甘さが抑えられ、まろやかな仕上がりになる。
❹ ミキサーを高速にし、ラップフィルムを少しはずして、隙間から❸を静かに注ぎ入れる。
❺ そのまま1分間ほどまわしてから中低速にし、水（材料外）で戻した板ゼラチンを加える。さらに1～2分間まわして、全体が混ざり、きめが均一になったら止める。
❻ ❺をボウルに移し、6分立ての生クリームを2回に分けて加え、そのつどボウルをまわしながら、ゴムベラを斜めに入れて切るように混ぜる。混ぜ終わりはむらがなく、きれいなつやのある状態。すぐに固まりはじめるので、手ばやく合わせるようにし、すぐに型に絞る。

抹茶風味のクリーム
Crème au matcha

❶ 抹茶に米油を3回に分けて加え、そのつど泡立て器でなめらかになるまでよく混ぜる。
❷ 鍋に牛乳、生クリームA、グラニュー糖、トレハロース、①を入れて中火にかけ、泡立て器で混ぜながら沸かす。全体が均一に混ざり、若草色の抹茶ミルクのようになったら、火からおろす。
❸ ボウルに卵黄を入れ、②の3分の1量を加えて泡立て器でよく混ぜ、鍋に戻し、弱火にかけて抹茶風味のクレーム・アングレーズをつくる。
❹ 鍋底が焦げつかないように注意しつつ、ゆっくり木ベラで混ぜながら、とろみがつくまで火を入れる。火からおろす目安は80～82℃。仕上がりはとろんとしてつやがあり、見るからに濃厚。
❺ ④にジュレ・デセールを加え、泡立て器でまんべんなく混ぜる。
❻ 鍋底を流水にあてたあと氷水にあて、木ベラで混ぜながら30℃まで冷やす。生クリームBを加え、木ベラでむらなく混ぜ合わせる。
❼ ⑥をストレーナーで漉す。
❽ ⑦をドロッパーに入れ、直径4cm、深さ2cmの凹みのついたフレキシパンに流して、冷凍庫で冷やし固める。

黒糖キャラメルソース
Sauce au caramel kokuto

❶ キャラメルをつくる。鍋にグラニュー糖を入れ、強火にかける。
❷ ①の作業と並行して、別の鍋に生クリームCと黒糖を入れて中火にかける。木ベラでかき混ぜ、黒糖がきれいに溶けて、縁にフツフツと泡が出はじめたら火を止める。温度は約80℃。
❸ ①のグラニュー糖が溶けて透明の液状になったら弱火にし、適宜鍋をゆすって均一に色づけしていく。
❹ 全体が濃いキャラメル色になったら、②を3〜4回に分けて加える。1回加えるごとに、木ベラでつやが出るまでよく混ぜる（②の温度が下がっていたら、再度80℃くらいまで加熱してからキャラメルに加える）。
❺ ④の鍋底を氷水にあて、ゴムベラで混ぜながら30℃くらいまで温度を下げる。
❻ ⑤に生クリームDを加え、ゴムベラでよく混ぜ合わせる。ストレーナーで漉して、冷蔵庫に入れてひと晩ねかせる。

組立て・仕上げ
Montage, Décoration

❶ 仕上げたばかりのバニラのムースを、すぐに口径1cmの丸口金をつけた絞り袋に入れ、ブラックに並べた六角型に、上から8mmくらいの高さまで絞り入れる。
❷ 冷やし固めておいた抹茶風味のクリームをフレキシパンからぬき、六角型の中心に入れる。完全に埋め込むのではなく、ムースと抹茶風味のクリームがほぼ同じ高さになるようにする。冷凍庫に入れて冷やし固める。
❸ ②を固めている間に、生地の仕上げと、イタリアン・メレンゲ（つくり方は35頁参照）の準備をする。黒糖風味のビスキュイ・ジョコンドは、粗熱がとれたら裏返して紙をはがし、六角型でぬく。
❹ 六角形にぬいたビスキュイ・ジョコンドを天板に並べ、150℃のコンベクションオーブンで約8分間（平窯であれば上火・下火ともに180℃で約10分間）、食パンをトーストする感覚で焼成する。
❺ トーストした生地を、黒糖シロップに数秒間浸ける。シロップは中まで完全にしみ込ませると甘みが強くなってしまうので、浸ける時間は短めに。
❻ ⑤をきな粉を入れたバットの中に入れ、まわりにたっぷりときな粉をまぶす。
❼ ⑥をバットに並べる。②の上下を返して抹茶風味のクリームが見える面を下にして生地にのせ、型をはずす。
❽ 口径7mmの丸口金をつけた絞り袋にイタリアン・メレンゲを入れ、⑦の上面にリング状に絞る。
❾ ガスバーナーで、イタリアン・メレンゲにさっと焼き色をつける。
❿ 黒糖キャラメルソースをドロッパーに入れて、イタリアン・メレンゲの輪の中に流す。くだいた黒糖を飾る。

Chocolate Cake

....

チョコレートケーキ

「"いわゆるチョコレートケーキ"をつくってほしい」というお客の要望から生まれた商品。とはいえ、オリジナリティを大切にする同店のチョコレートケーキは、生地もクリームもそれぞれ3種！ いずれもチョコレートを生かしつつ、6層全部が違う内容という手間のかかった構成だ。下から、溶かしたチョコレートを加えたビスキュイ・サッシェ、3種類のチョコレート入りシャンティイ、カカオ風味のジェノワーズ、ホイップバターを合わせたクレーム・ムースリーヌ・オ・ショコラ。その上のシフォン生地には、保湿性の高い米粉を加え、しっとりとした食感をプラス。最後はカカオマスを合わせたオリジナルのクリームで仕上げた。繊細な風味と、子どもも楽しめるまろやかな味わいが見事に調和した一品だ。

材料（直径18cm、4台分）

ビスキュイ・サッシェ
Biscuit Sacher

メレンゲ《meringue française》
├ グラニュー糖《sucre semoule》…114g
└ 卵白《blancs d'œufs》…168g
チョコレート（オペラ「レガート」・カカオ分57%）
《chocolat noir 57% de cacao》…190g
生クリーム（乳脂肪分35%）
《crème fleurette 35% MG》…77g
発酵バター《beurre》…38g
卵黄《jaunes d'œufs》…190g
薄力粉《farine de blé tendre》…70g
カカオパウダー《cacao en poudre》…20g
ベーキングパウダー《levure chimique》…2g

パータ・ジェノワーズ・オ・ショコラ
Pâte à génoise au chocolat

全卵《œufs entiers》…133g
卵黄《jaunes d'œufs》…12g
グラニュー糖《sucre semoule》…109g
乾燥卵白《blancs d'œufs séchés》…3g
薄力粉《farine de blé tendre》…63g
カカオパウダー《cacao en poudre》…14g
溶かしバター《beurre fondu》…20g

ビスキュイ・シフォン・オ・ショコラ
Biscuit chiffon au chocolat

卵黄《jaunes d'œufs》…120g
グラニュー糖A《sucre semoule》…30g
水アメ《glucose》…20g
メレンゲ《meringue française》
├ 卵白《blancs d'œufs》…197g
└ グラニュー糖B《sucre semoule》…98g
牛乳《lait》…65g
米油《huile de riz》…40g
薄力粉《farine de blé tendre》…92g
米粉《farine de riz》…3.5g
カカオパウダー《cacao en poudre》…11g

シャンティイ・オ・ショコラ
Crème chantilly au chocolat

板ゼラチン《feuilles de gélatine》…8g
生クリーム（乳脂肪分35%）
《crème fleurette 35% MG》…720g
ブラックチョコレートA
（ドモリ「スル・デル・ラゴ75%」・カカオ分75%）
《chocolat noir 75% de cacao》…60g
ブラックチョコレートB
（不二製油「フロルデカカオ サンビラーノ07」・カカオ分66%）
《chocolat noir 66% de cacao》…60g
ミルクチョコレート
（ヴァローナ「ジヴァラ・ラクテ」・カカオ分40%）
《chocolat au lait 40% de cacao》…160g

クレーム・ムースリーヌ・オ・ショコラ
Crème mousseline au chocolat

イタリアン・メレンゲ《meringue italienne》
…下記分量でつくり、80gを使用
├ グラニュー糖《sucre semoule》…100g
├ 水《eau》…30g
└ 卵白《blancs d'œufs》…50g
クレーム・アングレーズ《crème anglaise》
…下記分量でつくり、180gを使用
├ 牛乳《lait》…275g
├ 生クリームA（乳脂肪分45%）《crème fraîche 45% MG》…60g
├ グラニュー糖《sucre semoule》…30g
├ 卵黄（加糖20%）《jaunes d'œufs 20% sucre ajouté》…112g
└ 生クリームB（乳脂肪分45%）《crème fraîche 45% MG》…180g
ブラックチョコレート（ヴァローナ「P125 クール・ド・グアナラ」）
《chocolat noir 70% de cacao》…70g
生クリームC（乳脂肪分35%）《crème fleurette 35% MG》…70g
発酵バター《beurre》…360g

クレーム・オ・ショコラ
Crème au chocolat

（下記はつくりやすい分量。5台分）
牛乳《lait》…212.5g
生クリームD（乳脂肪分35%）《crème fleurette 35% MG》…168.7g
グラニュー糖《sucre semoule》…425g
カカオマス《pâte de cacao》…141g
カカオパウダー《cacao en poudre》…125g
アルマニャック《armagnac》…12.5g
生クリームE（乳脂肪分42%）《crème fraîche 42% MG》…140g
生クリームF（乳脂肪分35%）《crème fleurette 35% MG》…280g

組立て・仕上げ
Montage, Decoration

ブラックチョコレート（オペラ「レガート」・カカオ分57%）
《chocolat noir 57% de cacao》…適量Q.S

つくり方

ビスキュイ・サッシェ
Biscuit Sacher

生地のつくり方は 26 頁参照。生地を直径 18cm、高さ 4cm のセルクルに流し（1 台につき約 180g）、上火・下火ともに 175℃の平窯に入れる。ダンパーを開けて約 15 分間焼いたのち、ダンパーを閉じて 3 分間焼成。天板の前後を入れ替えてさらに 2 分間焼く。焼き上がったら、型と生地の接する部分にペティナイフを入れてぐるりと 1 周させ、型からぬきやすくする。ただし、型はまだはずさず、そのままはめておく。

パータ・ジェノワーズ・オ・ショコラ
Pâte à génoise au chocolat

生地のつくり方は 16 頁のパータ・ジェノワーズを参照。薄力粉にカカオパウダーを加えてチョコレート風味に。上火 180℃・下火 170℃の平窯に入れ、ダンパーを開けてまず約 15 分間焼成。あとは様子を見ながら火力を調節し、きれいな焼き色がつくまで焼く。焼成時間はトータルで 32〜33 分。

ビスキュイ・シフォン・オ・ショコラ
Biscuit chiffon au chocolat

❶ ミキサーボウルに卵黄、グラニュー糖 A を入れ、泡立て器でざっと混ぜる。水アメを扱いやすいように軽く温めてから加える。ボウルの底を直火にあて、泡立て器でかき混ぜながら約 30℃まで温める。

❷ ①を火からおろし、ミキサーにセット。ミキサーの上からボウルの上部にかけてラップフィルムをかける。ラップフィルムでおおうことで、温度を保ち、水分の蒸発も防ぐことができる。最初は低速でまわし、全体が均一な状態になってきたら、高速に。ある程度ボリュームが出たら、徐々に速度を落としてきめをととのえていく。

❸ メレンゲをつくる（34 頁参照）。きめ細かな気泡をつくるため、卵白はよく冷えたものを使うこと。ここでは、いったん冷凍してから解凍し、まだみぞれ状の部分が残っている卵白を使用。すくい上げるとツノが立つくらいにしっかり泡立てたら、ボウルに移す。

❹ ②が白っぽくふっくらと泡立ったら、ミキサーからおろし、ボウルに移す。牛乳、米油を順に加え、そのつど泡立て器で混ぜる。

❺ 薄力粉、米粉、カカオパウダーを合わせてふるったものを加え、泡立て器で混ぜる。

❻ ⑤をメレンゲが入ったボウルに入れ、ボウルをまわしながら、ゴムベラで切るようにして混ぜ合わせる。

❼ オーブンペーパーを敷いた天板を 2 枚用意し、直径 18cm、高さ 2cm のセルクルをそれぞれ 2 台ずつセットしておく。4 台のセルクルに⑥を均等に入れ、パレットナイフで表面を平らにならす。

❽ 焼いている間に膨らむことを考慮し、上に同じ直径で高さ 4cm のセルクルをのせて、上下がずれないよう、まわりに高さ 3cm 以上の小さな型などを置いて固定する。上火 190℃・下火 200℃の平窯に入れ、ダンパーを開

けて約15分間焼き、天板の前後を入れ替えてさらに3〜4分間焼成。焼き上がったら冷蔵庫に入れて粗熱をとる。

❾ 底の紙をはがして、型と生地の接する部分にペティナイフをぐるりと入れて型をはずす。

❿ シフォン生地はしばらくおくと中心がやや凹むので、凹みの高さに合わせて、せり上がった部分をとり除く。

シャンティイ・オ・ショコラ
Crème chantilly au chocolat

❶ 水（材料外）で戻した板ゼラチンが入ったボウルを湯煎にかけてゼラチンを溶かし、6分立てにした生クリームの10分の1量を加える。底を軽く直火にあてて、よく混ぜながら完全に溶かし合わせる。

❷ 別のボウルに3種類のチョコレートを入れて湯煎にかけて溶かし、①を加えて泡立て器でよく混ぜる。全体がなめらかにつながり、約50℃になったら湯煎からおろす。

❸ 残りの生クリームを3回に分けて加える。1回目は5分の1量程度、2回目はそれよりやや多めに加え、そのつど泡立て器で混ぜてしっかりと乳化させる。残りの生クリームを加え、ボウルをまわしながら、泡をつぶさないように、ゴムベラで切るようにしてやさしく混ぜる。

❹ 混ぜ終わったらすぐにビスキュイ・サッシェの上に、型の高さまで流し入れる。ほかのパーツが完成するまで、冷蔵庫で冷やし固める。

クレーム・ムースリーヌ・オ・ショコラ
Crème mousseline au chocolat

❶ イタリアン・メレンゲをつくる（35頁参照）。

❷ ①の作業と並行して、クレーム・アングレーズとガナッシュをつくる。クレーム・アングレーズのつくり方は32頁参照。ガナッシュは、チョコレートをきざんでボウルに入れ、温めた生クリームCを3回に分けて加え、そのつどよく混ぜる。

❸ ガナッシュがきれいに乳化したら、クレーム・アングレーズを加え混ぜる。

❹ バターをミキサーボウルに入れ、底を軽く直火にあてて扱いやすい固さにし、泡立て器で練る。ミキサーにセットし、最初は低速、その後、徐々に速度を上げて、じっくりと泡立てる。途中、何度か止めて、ミキサーボウルの内側側面についたバターをゴムベラではらい、底の中心に集める。仕上がりの目安は、全体が白っぽくなり、たっぷりと空気を含んでふわっとした状態になるまで。この時点でバターの温度は約20℃。

❺ ③をバターと同じく約20℃に調整して④に加える。ふんわりとした状態になるまで中速で混ぜる。

❻ ⑤と①のイタリアン・メレンゲをボウルに合わせ、ゴムベラで均一になるまで混ぜる。

クレーム・オ・ショコラ
Crème au chocolat

❶ 鍋に牛乳、生クリームD、グラニュー糖を入れて火にかけ、木ベラなどでよく混ぜる。グラニュー糖が完全に溶け、鍋の縁がフツフツと沸いてきたら火からおろす。

❷ きざんだカカオマスとカカオパウダーを入れたボウルに①を数回に分けて加え、そのつど泡立て器でしっかりと混ぜ合わせる。最初は分離するが、徐々に乳化してなめらかな状態に。最後にアルマニャックを加えてしっかりと混ぜ合わせ、冷蔵庫で冷やす。

❸ ②をミキサーボウルに入れ、生クリームE・Fを加えてミキサーにセットし、8分立てにする。使用する直前まで冷蔵庫で冷やしておく。

組立て・仕上げ
Montage, Décoration

❶ 冷やしておいたビスキュイ・サッシェとシャンティイ・オ・ショコラを冷蔵庫からとり出し、セルクルをはめたまま直径20cmの台紙の上にのせる。シャンティイ・オ・ショコラの上に厚さ1cmにスライスしたパータ・ジェノワーズ・オ・ショコラを重ねる。

❷ 同サイズのセルクルを重ね、ずれないようセロテープでとめる。口径1cmの丸口金をつけた絞り袋にクレーム・ムースリーヌ・オ・ショコラを入れ、パータ・ジェノワーズ・オ・ショコラの上に、中心から外に向かって渦巻き状に絞る。

❸ クレーム・ムースリーヌ・オ・ショコラの上にビスキュイ・シフォン・オ・ショコラをのせる。ぴったりとラップフィルムでおおって、冷蔵庫に入れて30分間以上冷やす。

❹ ③を冷蔵庫からとり出し、ラップフィルムと型をはずして回転台にのせる。

❺ 上面にたっぷりとクレーム・オ・ショコラをのせ、パレットナイフで平らにならす。側面にも均一の厚みになるようにぬり広げる。クレーム・オ・ショコラは使う直前にハンドホイップすること。

❻ 削ったチョコレートを飾って完成。

Delice

・・・・

デリス

「モンサンクレール」の辻口博啓シェフの代表作のひとつ「セ ラ ヴィ」のおいしさに触発され、その構成を参考にしつつ異なる形に仕立てた一品。5つの層は上から順に、ホワイトチョコレートのムース、フランボワーズのクリーム、チョコレートのムース、ピスタチオのビスキュイ、フイアンティーヌ・オ・ショコラ。ホワイトチョコレートのムースとフランボワーズのクリームの間にはきざんだフレーズ・デ・ボワを、フランボワーズのクリームとチョコレートのムースの間にはフランボワーズをしのばせ、食感と味わいにアクセントをつけた。

材料（37cm×27cmのカードル2台分）

ピスタチオ風味のビスキュイ
Biscuit aux pistaches

ピスタチオパウダー《pistaches en poudre》…163g
ピスタチオペースト《pâte de pistaches》…106g
ローマジパン《pâte d'amandes crue》…71g
全卵《œufs entiers》…176g
卵黄《jaunes d'œufs》…128g
メレンゲ《meringue française》
  ┌ 卵白《blancs d'œufs》…282g
  └ グラニュー糖《sucre semoule》…176g
薄力粉《farine de blé tendre》…120g
発酵バター《beurre》…50g
転化糖《sucre inverti》…15g

フイアンティーヌ・オ・ショコラ
Feuillantine au chocolat

ミルクチョコレート
（ヴァローナ「ジヴァラ・ラクテ」・カカオ分40%）
《chocolat au lait 40% de cacao》…225g
皮つきアーモンドペースト《pâte d'amandes brute》…525g
フイアンティーヌ《feuillantine》…400g
ピスタチオダイス《pistaches hachées》…150g

フランボワーズ風味のクリーム
Crème à la framboise

フランボワーズのピュレ
《purée de framboises》…800g
卵黄(加糖20%)《jaunes d'œufs 20% sucre ajouté》…384g
全卵《œufs entiers》…340g
グラニュー糖《sucre semoule》…80g
板ゼラチン《feuilles de gélatine》…12.8g
発酵バター《beurre》…360g
食用色素（赤）《colorant rouge》…適量Q.S

ムース・オ・ショコラ・ブラン
Mousse au chocolat blanc

クレーム・アングレーズ《crème anglaise》
  ┌ 牛乳《lait》…280g
  │ グラニュー糖《sucre semoule》…30g
  │ トレハロース《tréhalose》…30g
  │ 卵黄(加糖20%)
  └ 《jaunes d'œufs 20% sucre ajouté》…156g
板ゼラチン《feuilles de gélatine》…14.4g
ホワイトチョコレート（ヴァローナ「イボワール」）
《chocolat blanc》…314g
生クリーム(乳脂肪分42%)
《crème fraîche 42% MG》…752g

ムース・オ・ショコラ
Mousse au chocolat

クレーム・アングレーズ《crème anglaise》
  ┌ 牛乳《lait》…370g
  │ グラニュー糖《sucre semoule》…60g
  │ トレハロース《tréhalose》…60g
  │ 卵黄(加糖20%)
  └ 《jaunes d'œufs 20% sucre ajouté》…144g
板ゼラチン《feuilles de gélatine》…6.6g
ブラックチョコレート
（ヴァローナ「マンジャリ」・カカオ分64%）
《chocolat noir 64% de cacao》…540g
生クリーム(乳脂肪分42%)
《crème fraîche 42% MG》…924g

組立て・仕上げ
Montage, Décoration

フレーズ・デ・ボワ《fraises des bois》…500g
フランボワーズ《framboises》…900g
ナパージュ《nappage》*…適量Q.S

＊無色、無風味のナパージュ・ヌートル100gに
水20gを加え、食用色素（赤）で色づけしたもの。

つくり方

ピスタチオ風味のビスキュイ
Biscuit aux pistaches

1. フードプロセッサーにピスタチオパウダー、ピスタチオペースト、ローマジパンを入れ、軽く混ぜ合わせる。
2. ボウルに全卵と卵黄を入れて泡立て器でときほぐし、少量ずつ、数回に分けて①に加える。1回加えるごとに数秒間まわし、側面についた生地はそのつど下に落としてむらなく混ぜ合わせる。長時間まわすと、ピスタチオの風味が飛ぶので注意する。
3. ミキサーボウルに卵白とグラニュー糖を入れて撹拌し、きめの細かいメレンゲをつくる（34頁参照）。
4. ②をボウルに移し、③の3分の1量を加え、よく混ぜる。全体がなじんだら、残りのメレンゲの半量を加えてさっくりと混ぜ合わせる。
5. ふるっておいた薄力粉を加え混ぜ、残りのメレンゲも加えてよく混ぜる。
6. バターと転化糖を溶かしたものを⑤に加えてよく混ぜる。
7. 天板にオーブンペーパーを敷いてカードルを置き、⑥の生地を流し入れる。
8. 上火175℃・下火185℃の平窯で25〜27分間焼く。

フイアンティーヌ・オ・ショコラ
Feuillantine au chocolat

1. ボウルにチョコレートを入れて湯煎で溶かし、アーモンドペーストを加え混ぜ、約40℃になるように調整する。
2. ①にフイアンティーヌとピスタチオダイスを加え、むらのないように混ぜ合わせる。
3. ブラックにOPPフィルムを敷いてカードルを置き、その中に②を入れ、L字型のパレットナイフで均一の厚さにのばす。

フランボワーズ風味のクリーム
Crème à la framboise

1. ボウルにフランボワーズのピュレを入れ、湯煎で加熱する。
2. ①の作業と並行して、鍋に卵黄、全卵、グラニュー糖を入れて弱火にかけ、木ベラで空気を入れないようにして混ぜながら加熱していく。
3. ②が約60℃になったら①と合わせ、湯煎で80℃になるまで（きれいなつやが出るまで）加熱する。
4. ③に水（材料外）で戻した板ゼラチンを加えて溶かし、ボウルの底を氷水にあてて冷やす。ストレーナーで漉す。漉した段階で40℃になっているのが理想的。
5. フードプロセッサーに④とバターを入れて混ぜ合わせる。赤の食用色素を加え、さらに10分間撹拌する。

ムース・オ・ショコラ・ブラン
Mousse au chocolat blanc

1. 鍋に牛乳、グラニュー糖、トレハロースを入れて中火にかけ、沸いたら卵黄を合わせてクレーム・アングレーズをつくる。
2. ①に水（材料外）で戻した板ゼラチンを加えて溶かし、鍋底を流水にあてて55℃まで冷ます。ストレーナーで漉す。
3. 湯煎で溶かしたホワイトチョコレートと②をよく混ぜ合わせ、しっかり乳化させる。
4. ③に7分立ての生クリームを加え、むらなく混ぜ合わせる。

ムース・オ・ショコラ
Mousse au chocolat

1. 鍋に牛乳、グラニュー糖、トレハロースを入れて中火にかけ、沸いたら卵黄を合わせてクレーム・アングレーズをつくる。
2. ①に水（材料外）で戻した板ゼラチンを加えて溶かし、鍋底を流水にあてて55℃以下に冷やす。ストレーナーで漉す。
3. 湯煎で溶かしたブラックチョコレートと②をよく混ぜ合わせ、しっかり乳化させる。
4. ③に7分立ての生クリームを加え、むらなく混ぜ合わせる。

組立て・仕上げ
Montage, Décoration

1. ブラックを2枚用意し、それぞれにOPPフィルムを敷いてカードルを置き、その中にムース・オ・ショコラ・ブランを760gずつ流し入れる。冷蔵庫に入れて冷やし固める。
2. ムース・オ・ショコラ・ブランが完全に固まる前に、3〜4等分にきざんだフレーズ・デ・ボワを均等にちらす。パレットナイフでフレーズ・デ・ボワを軽く押し込み、表面を平らにする。
3. ②の上にフランボワーズ風味のクリームを900gずつ流す。
4. フランボワーズを指で2つに割り、③の上に隙間なく並べ、上からムース・オ・ショコラを950gずつ流す。
5. ④の上にピスタチオ風味のビスキュイをかぶせる。この時、ビスキュイは焼き目を上にしてのせる。
6. ④で余ったムース・オ・ショコラをパレットナイフでピスタチオ風味のビスキュイの焼き目にぬり、フイアンティーヌ・オ・ショコラを貼りつけ、冷凍庫で冷やし固める。
7. 冷凍庫から⑥をとり出し、フイアンティーヌ・オ・ショコラを下にして作業台に置く。包丁で7.4cm×2.7cmに切り分けて表面にナパージュをぬり、2つに割ったフランボワーズを飾る。

Chocolat Framboise
....
ショコラ・フランボワーズ

チョコレートを使ったビスキュイ・サッシェ（底生地）と、カカオパウダーでつくるビスキュイ・オー・ザマンド・エ・ショコラ（上生地）でシャンティイ・オ・ショコラをサンド。底生地にはフランボワーズのコンフィチュール、上生地にはフランボワーズ風味のガナッシュを薄くぬっている。また、上下の生地には赤ワインヴィネガーを配合したコンポート・フリュイ・ルージュのシロップをアンビベ。舌に感じるフランボワーズの酸味と、鼻にぬける赤ワインヴィネガーの酸味が味を立体的にする。グラサージュ・オ・ショコラでつややかに。

材料（37cm×27cmのカードル2台分）

ビスキュイ・サッシェ
Biscuit Sacher

→26頁参照。

ビスキュイ・オー・ザマンド・エ・ショコラ
Biscuit aux amandes et chocolat

→材料は101頁、つくり方は24頁参照。170℃の平窯で約40分間焼成。厚さ1cmにスライスし、カードルのサイズに合わせて余分を切り落とす。

シャンティイ・オ・ショコラ
Crème chantilly au chocolat

板ゼラチン《feuilles de gélatine》…16g
生クリーム(乳脂肪分35%)《crème fleurette 35% MG》…1900g
ブラックチョコレート
（不二製油「フロルデカオ サンビラーノ07」・カカオ分66%）
《chocolat noir 66% de cacao》…404g
ミルクチョコレート(ヴァローナ「ジヴァラ・ラクテ」・カカオ分40%)
《chocolat au lait 40% de cacao》…296g

フランボワーズ風味のガナッシュ
Ganache à la framboise

生クリーム(乳脂肪分35%)《crème fleurette 35%MG》…112g
フランボワーズのピュレ《purée de framboises》…165g
水アメ《glucose》…82g
ミルクチョコレート(ヴァローナ「ジヴァラ・ラクテ」・カカオ分40%)
《chocolat au lait 40% de cacao》…494g
ブラックチョコレート
（不二製油「フロルデカオ サンビラーノ07」・カカオ分66%）
《chocolat noir 66% de cacao》…54g
フランボワーズのオー・ド・ヴィ《eau-de-vie de framboise》…24g

グラサージュ・オ・ショコラ
Glaçage au chocolat

生クリーム(乳脂肪分35%)《crème fleurette 35% MG》…600g
水《eau》…500g
グラニュー糖《sucre semoule》…900g
ブラックチョコレート(ヴァローナ「マンジャリ」・カカオ分64%)
《chocolat noir 64% de cacao》…200g
カカオマス《pâte de cacao》…120g
カカオパウダー《cacao en poudre》…326g
ナパージュ・ヌートル《nappage neutre》…700g
板ゼラチン《feuilles de gélatine》…74g

組立て・仕上げ
Montage, Décoration

シロップ《sirop》…下記の材料を合わせる
┌ コンポート・フリュイ・ルージュのシロップ
│ 《sirop de compote de fruits rouges》*…440g
└ 赤ワインヴィネガー《vinaigre de vin rouge》…60g
フランボワーズのコンフィチュール《confiture de framboises》
…下記の材料を鍋に入れ、糖度75%になるまで煮詰める。700gを使用する
┌ ラズベリージャム《confiture de framboises》…3000g
│ フランボワーズ(ブロークン・冷凍)
│ 《brisures de framboises surgelées》…3000g
└ グラニュー糖《sucre semoule》…1500g
カカオパウダー《cacao en poudre》…適量 Q.S
フランボワーズ《framboises》…適量 Q.S

*コンポート・フリュイ・ルージュの材料・つくり方は37頁参照。

つくり方

シャンティイ・オ・ショコラ
Crème chantilly au chocolat

❶ ボウルに水（材料外）で戻した板ゼラチンを入れ、湯煎にかけてゼラチンを溶かす。6分立てにした生クリームの10分の1量を加え、ボウルの底を軽く直火にあてながら、泡立て器でよく混ぜて完全に溶かし合わせる。
❷ 別のボウルに2種類のチョコレートを入れ、湯煎にかけて溶かす。①を加え、泡立て器でよく混ぜる。約50℃になったら湯煎からおろす。
❸ 残りの生クリームを数回に分けて加え、そのつどしっかり混ぜて乳化させる。残りの生クリームをすべて加えたら、泡をつぶさないようにゴムベラで切るようにしてやさしく混ぜる。

フランボワーズ風味のガナッシュ
Ganache à la framboise

❶ 鍋に生クリーム、フランボワーズのピュレ、水アメを入れ、火にかけて沸騰させる。
❷ ボウルに2種類のチョコレートを入れて湯煎にかけて溶かし、①を少量ずつ、数回に分けて加え、そのつどしっかり混ぜて乳化させる。
❸ ②にフランボワーズのオー・ド・ヴィを加え、むらなく混ぜる。

グラサージュ・オ・ショコラ
Graçage au chocolat

❶ 鍋に生クリーム、水、グラニュー糖を入れて火にかけ、沸騰させる。
❷ ボウルにブラックチョコレートとカカオマスを入れ、湯煎にかけて溶かし、カカオパウダーを加える。①を少量ずつ、数回に分けて加え、そのつどしっかり混ぜて乳化させる。
❸ ②を鍋に入れ、火にかけて沸騰させる。火からおろし、ナパージュ・ヌートルと、水（材料外）に浸けて戻した板ゼラチンを加え、よく混ぜ合わせてからストレーナーで漉す。

組立て・仕上げ
Montage, Décoration

❶ カードルにビスキュイ・サッシェを、焼き目を下にしてはめる。上面にシロップをぬり、温めたフランボワーズのコンフィチュールをぬる。
❷ ①の上にシャンティイ・オ・ショコラを流し、両面にシロップをぬったビスキュイ・オー・ザマンド・エ・ショコラをのせる。
❸ フランボワーズ風味のガナッシュをビスキュイ・オー・ザマンド・エ・ショコラの上にぬり広げ、冷凍庫で冷やし固める。
❹ 型をはずして27cm×7.4cmにカット。グラサージュ・オ・ショコラを約50℃に温め、表面にかける。幅2.7cmに切り分け、カカオパウダーを上面の一部にふり、2等分したフランボワーズを3つずつ飾る。

Sweets
Garden

....

スイーツガーデン

安食シェフにとって憧れの存在である東京・尾山台の名店「オーボンヴュータン」のフランボワーズのケーキ「デリス・オ・フランボワーズ」をイメージした一品。デリス・オ・フランボワーズはアーモンドの生地を使用しているが、ユウジアジキではピスタチオ入りの生地でフランボワーズの酸味のきいたバタークリームをサンド。底にフイアンティーヌ・オ・ショコラを敷いて、サクサクとした食感をプラスしている。鮮やかなピンクとピスタチオグリーンは店のテーマカラーでもあることから、商品名を「スイーツガーデン」とした。

材料（37cm×27cmのカードル2台分）

ピスタチオ風味のビスキュイ
Biscuit aux pistaches

- ピスタチオパウダー《pistache en poudre》…450g
- ピスタチオペースト《pâte de pistaches》…295g
- ローマジパン《pâte d'amandes crue》…196g
- 粉糖《sucre glace》…140g
- 転化糖《sucre inverti》…200g
- 全卵《œufs entiers》…780g
- 卵黄《jaunes d'œufs》…350g
- メレンゲ《meringue française》
  - 卵白《blancs d'œufs》…480g
  - グラニュー糖《sucre semoule》…340g
- 薄力粉《farine de blé tendre》…196g

フイアンティーヌ・オ・ショコラ
Feuillantine au chocolat

- ミルクチョコレート
（ヴァローナ「ジヴァラ・ラクテ」・カカオ分40％）
《chocolat au lait 40% de cacao》…225g
- 皮つきアーモンドペースト《pâte d'amandes brutes》…525g
- フイアンティーヌ《feuillantine》…400g
- ピスタチオダイス《pistaches hachées》…150g

フランボワーズ風味のクレーム・ムースリーヌ
Crème mousseline à la framboise

- フランボワーズのピュレ《purée de framboises》…576g
- 卵黄（加糖20％）《jaunes d'œufs 20% sucre ajouté》…115g
- フリーズドライフランボワーズパウダー
《framboises lyophilisées en poudre》…25g
- フランボワーズの濃縮果汁
（ドーバー洋酒貿易「トックブランシュ フランボワーズ」）
《concentré de framboise》…73g
- 発酵バター《beurre》…1152g
- イタリアン・メレンゲ《meringue italienne》
…下記分量でつくり、230gを使用
  - グラニュー糖《sucre semoule》…150g
  - 水《eau》…45g
  - 卵白《blancs d'œufs》…75g

組立て・仕上げ
Montage, Décoration

- サオトボ・クリーム《crème Saotobo》*1…適量Q.S
- フランボワーズ（ブロークン）《brisures de framboises》…300g
- 色づけしたアーモンドダイス
《amandes hachées colorées》*2…適量Q.S

*1 サオトボ・クリームの材料・つくり方は111、113頁参照。
*2 沸騰した湯に食用色素（赤、適量）を入れ、アーモンドダイスを入れる。好みの色になったら湯から出す。

つくり方

ピスタチオ風味のビスキュイ
Biscuit aux pistaches

❶ フードプロセッサーにピスタチオパウダー、ピスタチオペースト、ローマジパン、粉糖、転化糖を入れ、軽く混ぜる。
❷ ボウルに全卵と卵黄を入れて泡立て器でときほぐし、少量ずつ、数回に分けて①に加える。1回加えるごとに数秒間まわし、側面についた生地はそのつど下に落としてむらなく混ぜ合わせる。長時間まわすと、ピスタチオの風味が飛ぶので注意する。
❸ ミキサーボウルに卵白とグラニュー糖を入れて撹拌し、きめの細かいメレンゲをつくる（34頁参照）。
❹ ②をボウルに移し、③の3分の1量を加え、よく混ぜる。残りのメレンゲの半量を加えてさっくりと混ぜ合わせる。
❺ ふるっておいた薄力粉を加え混ぜ、残りのメレンゲも加えてよく混ぜる。
❻ 天板にオーブンペーパーを敷いてカードルを置き、⑤の生地を流し入れる。火のあたりをやわらげるため、水を含ませた段ボールなど（同店では卵用の緩衝材を使用）をカードルのまわりに置いて、上火・下火ともに170℃の平窯に入れる。
❼ ダンパーを開け、オーブンの扉も少し開けて排熱しながら焼く。30分後に上火を消し、10分ごとに焼き具合を見ながら徐々に下火を弱くしていく。焼成時間はトータルで1時間15分～1時間25分。

フイアンティーヌ・オ・ショコラ
Feuillantine au chocolat

❶ ボウルにチョコレートを入れて湯煎で溶かし、アーモンドペーストを加え混ぜ、約40℃になるように調整する。
❷ ①にフイアンティーヌとピスタチオダイスを加え、むらのないように混ぜ合わせる。
❸ プラックにOPPフィルムを敷いてカードルを置き、その中に②を入れ、L字型のパレットナイフで均一の厚さにのばす。

フランボワーズ風味のクレーム・ムースリーヌ
Crème mousseline à la framboise

❶ 鍋にフランボワーズのピュレを入れて火にかけ、沸いたら卵黄を加え混ぜる。
❷ 鍋を火からおろし、鍋底を流水や氷水に浸けて冷やす。フリーズドライフランボワーズパウダーとフランボワーズの濃縮果汁を加えてよく混ぜる。
❸ ミキサーボウルに室温に戻したバターを入れ、ミキサーにセットし、中速で撹拌する。
❹ バターをしっかり泡立てたら、②を3～4回に分けて加え、さらに撹拌する。
❺ 全体がふんわりとしてきたらボウルに移し、イタリアン・メレンゲ（つくり方は35頁参照）を加えてゴムベラで混ぜる。

組立て・仕上げ
Montage, Décoration

❶ ピスタチオ風味のビスキュイを厚さ1cmにスライスする。上面の焼き目はそのまま残しておく。カードル1台分で4枚とれる。
❷ フイアンティーヌ・オ・ショコラの上にサオトボ・クリームを薄くぬり、①の焼き目のついた生地を、焼き目を下にして重ねる。
❸ ②の上にフランボワーズ風味のクレーム・ムースリーヌ260gをのせ、パレットナイフで均一にぬり広げる。くだいたフランボワーズ50gをちらし、ピスタチオ風味のビスキュイ1枚を重ねる。これを3回くり返す。
❹ 上面にフランボワーズ風味のクレーム・ムースリーヌをぬり、27cm×7.4cmにカットする。
❺ 仕上げに、色づけしたアーモンドダイスを上面にまぶし、幅2.7cmに切り分ける。

Bouchon de Champagne

ブション・ド・シャンパーニュ

上はグロゼイユの風味をつけたピンクのイタリアン・メレンゲ、中はシャンパンを使った香り高いムース、その下は白桃のゼリー。シャンパンのムースは、卵黄や砂糖とシャンパンを合わせて火を入れ、火からおろしたあとにも冷たいシャンパンをプラス。底の白桃のゼリーは、香り高いフレーズ・デ・ボワのコンポートと貴腐ワインのソーテルヌ入り。お酒をふんだんに使った大人のムースだ。両面にたっぷりとシロップをしみ込ませたビスキュイ・ジョコンドも味の引き立て役。ここではセンガセンガナ種のイチゴなど3種類の赤い果実を合わせた自家製コンポートのシロップを使っているため、香り高さも格別だ。シャンパンの栓を模した形状にも注目を。さわやかな味わいがあとをひく、夏向きのプチガトー。

材料（直径5.5cm、高さ5cmのセルクル20個分）

ビスキュイ・ジョコンド
Biscuit Joconde

粉糖《sucre glace》…48g
アーモンドパウダー《amandes en poudre》…96g
ローマジパン《pâte d'amandes crue》…25g
全卵《œufs entiers》…80g
卵黄《jaunes d'œufs》…50g
メレンゲ《meringue française》
　┌ グラニュー糖《sucre semoule》…90g
　│ 乾燥卵白《blancs d'œufs séchés》…3.5g
　└ 卵白《blancs d'œufs》…177g
薄力粉《farine de blé tendre》…70g
溶かしバター《beurre fondu》…30g

白桃のゼリー
Gelée de pêche blanche

白桃のピュレ《purée de pêche blanche》…212g
水《eau》…212g
レモン果汁《jus de citron》…12g
貴腐ワイン（ソーテルヌ）《vin liquoreux／Sauternes》…12g
グラニュー糖《sucre semoule》…24g
カラギーナン（富士商事「パールアガー5128G」）
《carraghénane》…4g
食用色素（赤）《colorant rouge》…適量Q.S

シャンパンのムース
Mousse au champagne

卵黄（加糖20%）《jaunes d'œufs 20% sucre ajouté》…80g
グラニュー糖《sucre semoule》…40g
シャンパンA《champagne》…80g
ライム果汁《jus de citron vert》…32g
トレハロース《tréhalose》…64g
レモンの皮《zests de citrons》…1/2〜1個分
板ゼラチン《feuilles de gélatine》…4.5g
シャンパンB《champagne》…80g
生クリーム（乳脂肪分35%）《crème fleurette 35% MG》…280g

グロゼイユ風味のメレンゲ
Meringue à la groseille

グロゼイユのピュレ《purée de groseille》…60g
グラニュー糖《sucre semoule》…204g
水《eau》…60g
卵白《blancs d'œufs》…120g
食用色素（赤）《colorant rouge》…適量Q.S
粉糖《sucre glace》…適量Q.S

フレーズ・デ・ボワのコンポート
Compote de fraises des bois

フレーズ・デ・ボワ（冷凍）《fraises des bois surgelées》…60g
グラニュー糖《sucre semoule》…12g

組立て
Montage

コンポート・フリュイ・ルージュのシロップ
《sirop de compote de fruits rouges》*1…適量Q.S
クレーム・シャンティイ《crème chantilly》*2…適量Q.S

*1 コンポート・フリュイ・ルージュの材料・つくり方は37頁参照。
*2 クレーム・シャンティイは、乳脂肪分42%と35%の生クリームを同割で合わせ、10%量のグラニュー糖を加えて8分立てにする。

断面

ピンクのメレンゲが目をひく、ユニークなコルク栓形のシャンパンのムース。底に敷いた白桃のゼリーとフレーズ・デ・ボワのコンポートが味覚のアクセントに。

つくり方

ビスキュイ・ジョコンド
Biscuit Joconde

❶ 生地のつくり方は22頁参照。シルパットの上に生地を流し、ラクレットパスカルで厚さ5mmにのばす。天板にのせて、上火・下火ともに230℃の平窯に入れ、ダンパーを開けて約4分間焼成。天板の前後を入れ替えてさらに2分間ほど焼き、色みを見てとり出す。
❷ 裏返して網にのせ、シルパットをはがして冷ます。

白桃のゼリー
Gelée de pêche blanche

❶ 白桃のピュレと水、レモン果汁、貴腐ワインを鍋に入れ、グラニュー糖とカラギーナンをよく混ぜ合わせて加える。カラギーナンは液体に溶けにくいため、あらかじめ吸水性のよいグラニュー糖と合わせてから加える。
❷ 食用色素（赤）を少量加えて弱火にかけ、泡立て器でかき混ぜながら加熱。約80℃になったら火からおろす。

シャンパンのムース
Mousse au champagne

❶ 鍋に卵黄とグラニュー糖を入れ、泡立て器でなめらかになるまで混ぜ合わせておく。
❷ 別の鍋にシャンパンA、ライム果汁、トレハロースを入れ、レモンの皮を削りながら加える。レモンの皮は削って置いておくと香りが飛んでしまうので、使う直前に削るようにする。
❸ ②を中火にかけ、泡立て器で混ぜながら加熱する。沸いたら、ストレーナーで漉しながら、①の鍋に注ぎ入れる。
❹ ③を中火にかけ、泡立て器で終始混ぜながら、均一に火を入れていく。適度なとろみがつき、80〜82℃になったら火からおろす。
❺ 鍋を作業台に移し、全体が白っぽく、クリーミーになるまで泡立て器でさらに撹拌。水（材料外）で戻した板ゼラチンを水けをきって加え、泡立て器で混ぜ合わせる。混ぜ終わった時点の温度は55℃くらい。
❻ 冷やしておいたシャンパンBを、泡を残すようなイメージでそっと加え、泡立て器でやさしく均一に混ぜる。
❼ 生クリームをボウルに入れ、底を氷水にあてながら、7分立てにする。
❽ ⑥を別のボウルに移し、ここに⑦を3回に分けて加え、そのつどボウルをまわしながら、ゴムベラで底から返すようにして合わせる。生クリームが入るたびに温度が下がり、徐々に固まっていくので、手ばやく合わせ終えること。

グロゼイユ風味のメレンゲ
Meringue à la groseille

❶ 鍋にグロゼイユのピュレとグラニュー糖、水を入れ、火にかけて115〜118℃まで加熱する。
❷ ミキサーボウルに卵白を入れてミキサーにセットし、高速でまわしながら、ボウルの縁から一定の速度と太さで①をたらし入れる。入れ終えたら、ミキサーの上からボウルの上部にかけてラップフィルムをかける。理由は、仕込み量が少ないので、熱い蒸気が逃げて急激に温度が下がったり、表面が乾燥してしまったりすることを防ぐため。
❸ 2分ほど経ってボリュームが出てきたら中速に変え、1分半〜2分間まわす。この間に、水（材料外）に溶いた粉末の食用色素（赤）を少量加える。
❹ 最後は低速で1分半〜2分間撹拌。徐々に速度を落として、つややかできめ細かく、安定したメレンゲに仕上げる。
❺ 口径1cmの丸口金をつけた絞り袋に④を入れ、天板に敷いたシルパットの上に、底が直径6〜7cmのドーム形に絞る。
❻ 表面に茶漉しで粉糖をふる。ダンパーを開けた220℃のコンベクションオーブンに入れて、まず1分間焼き、天板の前後を入れ替えて同じく1分間焼く。
❼ オーブンからとり出し、ガスバーナーで焼き色をつける。

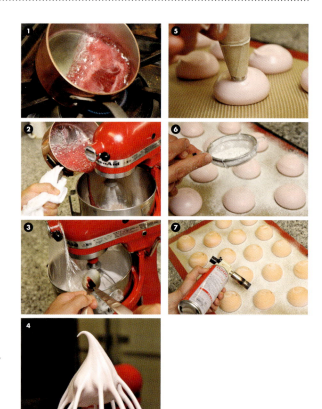

フレーズ・デ・ボワのコンポート
Compote de fraises des bois

❶ ボウルにフレーズ・デ・ボワを入れ、グラニュー糖をかけてしばらくおく。コンポートに用いるグラニュー糖の量は、果実の20％が目安。
❷ 離水してきたら、鍋に移し、中火にかける。鍋の縁がフツフツと煮立ちはじめたら火からおろし、漉してシロップと果実を分けておく。

組立て
Montage

❶ ビスキュイ・ジョコンドを、焼き目を下にしてまな板にのせ、刷毛でコンポート・フリュイ・ルージュのシロップをたっぷり打つ。同店では赤い果実をブレンドした自家製コンポート（37頁参照）を常備しており、ここではそのシロップ（ボーメ20°）を使用。既製品の赤い果実のピュレやシロップを利用してもよい。甘さは好みにより、ボーメ20〜30°で調整する。

❷ 生地の端を切り落とし、側面用の生地として、幅5cm、長さ16.2cmの帯状に20枚カット。底の生地は直径4.5cmのセルクルでぬく。
❸ セルクルに、側面用の生地、底の生地の順で敷き込む。シロップを打った面を内側に向ける。
❹ ③の底の中心にフレーズ・デ・ボワのコンポートの果実をスプーンで3〜4粒ずつ入れる。

❺ 仕上げたばかりの白桃のゼリーを、熱いうちにドロッパーで型の3分の1の高さまで流し入れ、冷凍庫に入れて冷やし固める。カラギーナンは40℃くらいから固まりはじめるので、温度が下がる前にすばやく作業を終えるようにする。冷やし固めている間にシャンパンのムースを仕込むと流れがスムーズ。

❻ シャンパンのムースが仕上がったら口径1cmの丸口金をつけた絞り袋に入れ、冷凍庫からとり出した⑤に型の高さいっぱいまで絞り入れ、再度冷凍庫に入れて冷やし固める。絞り袋は事前に冷蔵庫で冷やしたものを使用。また、手の熱がムースに伝わらないよう、手も氷水でしっかりと冷やしてから絞るとよい。冷やし固めている間にグロゼイユ風味のメレンゲをつくると流れがスムーズ。

❼ ⑥を冷凍庫から出して型をはずし、先を曲げたフォークや、穴のあいたレードルなどにのせて、コンポート・フリュイ・ルージュのシロップに生地の高さぎりぎりまで浸け、ムースにかからないように注意しながら、生地にシロップをたっぷりと吸わせる。
❽ 8分立てのクレーム・シャンティイを⑦の中心に絞り、パレットナイフで表面をならす。このクリームは、無糖でも、砂糖を少量加えたシャンティイでもよい。空気を多く含んだムースなので、冷やし固めたあとは3〜4mmほど高さが落ちるため、その部分を生クリームで埋めるようなイメージ。
❾ ⑧の上に粗熱がとれたグロゼイユ風味のメレンゲをのせ、しっかり固定して完成。生クリームは、メレンゲを密着させる糊の役目も果たす。

Peach Tea

....

ピーチティー

商品名は「ピーチティー」だが、ピーチティーを使っていないところが面白い。構成は、下から、香り高く濃厚な紅茶のプリン、軽やかな食感の紅茶のムース、ピーチリキュールとレモン果汁をからめたモモ、さわやかな白桃のゼリー、そして生クリーム。モモと紅茶の個性を生かした各パーツは、別々に食べてもおいしいが、すべての層を合わせて口に運ぶと、極上のピーチティー風味が広がる。紅茶は香り高く、乳製品と好相性のアッサムを使用。茶葉の量は液体の2〜3％が目安だ。ひんやり、つるんとした食感の夏向けのグラスデザートながら、底にプリンを配したのもアイデア。火を通すことで紅茶の風味が凝縮され、まったりからみつくような食感が生まれ、想像以上に紅茶感を堪能させてくれる。

材料（140ccの容器12個分）

紅茶のプリン
Œufs au lait thé noir

牛乳《lait》…300g
紅茶の茶葉（アッサム）《thé noir／Assam》…12g
生クリーム（乳脂肪分35%）
《crème fleurette 35% MG》…50g
全卵《œufs entiers》…55g
卵黄《jaunes d'œufs》…17g
グラニュー糖《sucre semoule》…50g

上は紅茶のプリン、下は白桃のゼリーの材料。紅茶は多種を試した結果、アッサムに。白桃のピュレは、ラ・フルティエールの「ホワイトピーチ」を使用。

紅茶のムース
Mousse au thé noir

紅茶風味のクレーム・アングレーズ
《crème anglaise au thé》
├ 牛乳《lait》…100g
├ 紅茶の茶葉（アッサム）《thé noir／Assam》…8g
├ グラニュー糖《sucre semoule》…40g
└ 卵黄（加糖20%）《jaunes d'œufs 20% sucre ajouté》…25g
板ゼラチン《feuilles de gélatine》…3g
生クリーム（乳脂肪分35%）
《crème fleurette 35% MG》…200g

白桃のゼリー
Gelée de pêche blanche

白桃のピュレ《purée de pêche blanche》…180g
水《eau》…300g
レモン果汁《jus de citron》…8g
グラニュー糖《sucre semoule》…65g
カラギーナン（富士商事「パールアガー 5128G」）
《carraghénane》…4.5g
フルーツ酸《acides citrique》…3g
食用色素（赤）《colorant rouge》…適量Q.S
モモのリキュール《liqueur de pêche》…12g

組立て・仕上げ
Montage, Décoration

モモ《pêches》…2個
モモのリキュール《liqueur de pêche》…適量Q.S
レモン果汁《jus de citron》…適量Q.S
クレーム・シャンティイ《crème chantilly》*…適量Q.S
粉糖《sucre glace》…適量Q.S

＊クレーム・シャンティイは、生クリーム（乳脂肪分40%）に10%量のグラニュー糖を加え、7分立てまで泡立てる。

Royal Milk Tea Pudding

ロイヤルミルクティープリン

「ピーチティー」の構成パーツのひとつとして考案した、アッサムの茶葉を使ったミルクティーのプリン。芳醇な風味とこくがあり、プリンだけで食べても充分にインパクトのある味なので、ピーチティーと並べて販売することに。

つくり方

紅茶のプリン
Œufs au lait thé noir

❶ 鍋に牛乳とアッサムの茶葉を入れて火にかける。ひと煮立ちしたら火を止め、ふたをして3分間蒸らし、牛乳に紅茶の風味を抽出する。

❷ ①をストレーナーで漉し、茶葉をとり除く。この際、茶葉を木ベラでぎゅっと押して、茶葉に含まれた水分をしっかり絞り出すようにする。

❸ ②の重さを量り、茶葉が吸って減ったぶんの牛乳(材料外)を足して、もとどおり300gにする。ふたたび鍋に戻し、生クリームを加えて、ゴムベラで混ぜながら約80℃まで加熱する。

❹ 牛乳を火にかけている間に卵液を用意する。全卵と卵黄をボウルに入れ、ざっととぎほぐしてから、グラニュー糖を加えて泡立て器で混ぜ合わせておく。使用時には、卵液にグラニュー糖がまんべんなく浸透している。

❺ ③が80℃になったら④のボウルに加え、軽く混ぜ合わせてからストレーナーで漉す。混ぜ終えた時点で56℃前後。

❻ ⑤をドロッパーに入れて、容器の4分の1の高さまで流し、85℃のコンベクションオーブンで35分間焼成。途中、7分に1回蒸気を入れる。コンベクションオーブンでない場合は、湯を張ったバットに容器を並べて湯煎焼きにする。

紅茶のムース
Mousse au thé noir

❶ 紅茶のプリンと同じ要領で牛乳に紅茶の香りを移す。鍋に牛乳とアッサムの茶葉を入れて火にかけ、沸騰したら火を止める。ふたをして3分間おき、牛乳に紅茶の風味を抽出する。茶葉を押しながらストレーナーで漉し、減ったぶんの牛乳(材料外)を足して、もとどおり100gにする。ふたたび鍋に入れてグラニュー糖を加え、約80℃まで加熱する。

❷ ボウルに卵黄を入れ、①の半量を加える。泡立て器で混ぜ合わせてからふたたび鍋に戻し、紅茶風味のクレーム・アングレーズをつくる。

❸ 鍋底が焦げつかないよう、木ベラでゆっくり混ぜながら加熱。適度なとろみがつき、80～82℃くらいになったら火からおろす。

❹ 水(材料外)で戻しておいた板ゼラチンを、水けをきって③に加え、溶かし込むようによく混ぜる。

❺ 鍋底を氷水にあてて45℃くらいまで温度を下げる。

❻ ストレーナーで漉す。漉したあとの温度は37～38℃。

❼ 生クリームを7分立てにし、2回に分けて⑥に加え、ボウルをまわしながらゴムベラで底から返すようにして混ぜ合わせる。

❽ 口径1cmの丸口金をつけた絞り袋に⑦を入れ、焼いてから冷蔵庫で冷やしておいた紅茶のプリンの上に絞る。絞る分量は、残りの容器の高さの2分の1程度。すぐに冷蔵庫に入れて冷やし固める。できれば、絞り袋は冷やしておき、手も氷水で冷やしてから絞るようにする。

白桃のゼリー
Gelée de pêche blanche

1. 鍋に白桃のピュレと水、レモン果汁を入れる。
2. ボウルにグラニュー糖とカラギーナン、フルーツ酸を入れ、よく混ぜ合わせてから①の鍋に加える。この際、泡立て器で鍋の中を終始撹拌しながら、サラサラとまんべんなくふり入れるようにする。
3. ②を中火にかけ、泡立て器でかき混ぜながら約80℃まで加熱。途中で水（材料外）に溶いた食用色素（赤）をごく少量加える。
4. 鍋を火からおろし、モモのリキュールを加える。
5. ボウルに移し、ラップフィルムを落としぶたのように、表面に密着させるようにしてかける。
6. ボウルの底を氷水にあてて粗熱をとってから、冷蔵庫に入れて冷やし固める。

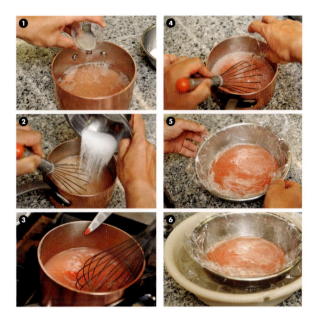

組立て・仕上げ
Montage, Décoration

1. 皮と種を除いたモモをひと口大にカットする。
2. ①をモモのリキュールとレモン果汁で和える。
3. 冷蔵庫からプリンとムースを詰めた容器をとり出し、残りの高さの3分の2くらいまで②を入れる。
4. ③の上に白桃のゼリーをスプーンですくって入れる。
5. ④の上に、7分立てにしたクレーム・シャンティイを丸口金で絞り、パレットナイフで表面を平らにならす。
6. 最後に粉糖をたっぷりふって完成。

Verrine de Pêche Blanche et Crémant d'Alsace

....

白桃のババロワとクレマン・ダルザスのゼリー、バラの香りの白桃コンポート

白桃のババロワの上に、ローズウォーターやモモのピュレで風味をつけたモモと、フランス・アルザス地方のスパークリングワイン「クレマン・ダルザス」のゼリーを重ねた華やかなヴェリーヌ。生クリームの下にしのばせたフレーズ・デ・ボワ、グラスの底にしのばせたフレーズ・デ・ボワのコンポートが、モモの繊細な味わいにアクセントをつけている。じつはこの商品、ラ・フルティエール社の冷凍ピュレ「ホワイトピーチ」を使った商品開発の取材の際に考案したもの。ピュレの淡いピンクの色合いを生かして仕上げた。

材料（140ccの容器60個分）

白桃風味のババロワ
Bavarois de pêche blanche

白桃のピュレ《purée de pêche blanche》…470g
グラニュー糖《sucre semoule》…200g
卵黄（加糖20%）《jaunes d'œufs 20% sucre ajouté》…175g
板ゼラチン《feuilles de gélatine》…9.4g
食用色素（赤）《colorant rouge》…適量Q.S
生クリームA（乳脂肪分35%）
《crème fleurette 35% MG》…470g
生クリームB（乳脂肪分45%）
《crème fraîche 45% MG》…470g
モモのリキュール《liqueur de pêche》…47g

クレマン・ダルザスのゼリー
Gelée de crémant d'Alsace

白桃のピュレ《purée de pêche blanche》…480g
水《eau》…960g
レモン果汁《jus de citron》…56g
グラニュー糖《sucre semoule》…480g
カラギーナン（富士商事「パールアガー 5128G」）
《carraghénane》…15g
フルーツ酸《acides citrique》…18g
スパークリングワイン（クレマン・ダルザス）
《crémant d'Alsace》…480g
食用色素（赤）《colorant rouge》…適量Q.S

組立て・仕上げ
Montage, Décoration

フレーズ・デ・ボワのコンポート
《compote de fraises des bois》*1
　フレーズ・デ・ボワ（冷凍）
　《fraises des bois surgelées》…222g
　グラニュー糖《sucre semoule》…42g
モモ《pêches》…約8個
モモのピュレ（森永乳業「フルッテート」）
《purée de pêche》…適量Q.S
ローズウォーター《eau de rose》…適量Q.S
レモン果汁《jus de citron》…適量Q.S
フレーズ・デ・ボワ《fraises des bois》…120粒
クレーム・シャンティイ《crème chantilly》*2…適量Q.S
粉糖《sucre glace》…適量Q.S

*1 冷凍したフレーズ・デ・ボワをボウルに入れ、グラニュー糖をまぶし、そのまま解凍する。離水してきたら、鍋に移し、中火にかける。鍋の縁がフツフツと煮立ちはじめたら火からおろし、漉してシロップと果実を分けておく（167頁参照）。
*2 クレーム・シャンティイは、生クリーム（乳脂肪分40%）に10%量のグラニュー糖を加え、7分立てまで泡立てる。

つくり方

白桃風味のババロワ
Bavarois de pêche blanche

❶ 鍋に白桃のピュレとグラニュー糖を入れ、沸いたら卵黄を合わせて炊く。
❷ 炊き上がったら水（材料外）で戻した板ゼラチンを加えて溶かし混ぜ、鍋底を流水や氷水に浸けて冷やし、ストレーナーで漉しながらボウルに移す。
❸ ②に水（材料外）に溶いた食用色素（赤）を加え混ぜ、24℃になったら、7分立ての生クリームA・Bを合わせる。
❹ モモのリキュールを加えてよく混ぜる。

クレマン・ダルザスのゼリー
Gelée de crémant d'Alsace

❶ 鍋に白桃のピュレ、水、レモン果汁を入れる。ボウルにグラニュー糖、カラギーナン、フルーツ酸を入れ、よく混ぜ合わせてから鍋に加える。
❷ ①を中火にかけ、泡立て器でかき混ぜながら加熱。約80℃になったら火からおろし、スパークリングワインと水（材料外）に溶いた食用色素（赤）を加え混ぜる。ボウルに移し、ラップフィルムを落としぶたのように、表面に密着させるようにしてかける。粗熱をとってから冷蔵庫で冷やし固める。

組立て・仕上げ
Montage, Décoration

❶ フレーズ・デ・ボワのコンポートを2粒、容器の底に対角線上に置く。外から見えるように、容器の側面に接するようにして置く。
❷ 白桃風味のババロワを絞り袋に入れ、容器の高さの3〜4分目まで絞り、冷蔵庫に入れて冷やし固める。
❸ モモを1cm角にカットし、モモのピュレ、ローズウォーター、レモン果汁で和える。
❹ ②を冷蔵庫からとり出し、③を容器の高さの7〜8分目まで入れる。
❺ クレマン・ダルザスのゼリーを約1.5cm角（食感が残る大きさ）にカットして、容器の高さいっぱいまで入れる。
❻ ゼリーの上にホール状のフレーズ・デ・ボワを2粒、対角線上にのせる。外から見えるように、容器の側面に接するようにして置く。
❼ ⑥の上に7分立てにしたクレーム・シャンティイを絞り、パレットナイフで表面をならす。粉糖をふって完成。

Ali Baba Mojito
....
アリババ・モヒート

「夏に提供するさわやかな商品を」と考えてつくった、サヴァランとミントのゼリーを組み合わせたヴェリーヌ。イメージは、ラム酒とライム、炭酸水、ミントの葉でつくるカクテル「モヒート」だ。ラム酒と梅酒をしみ込ませたパータ・ババでクレーム・パティシエールをサンドし、洋ナシのオー・ド・ヴィ「ポワール・ウィリアム」でマリネした洋ナシのコンポートと、ミントのゼリーを重ねる。ミントのゼリーは、スペアミントをすり鉢ですり、炭酸水やライムのピュレを加えてゲル化剤で固めたもの。甘さ控えめで男性にも人気の一品だ。

材料（できあがり量は各パーツごとに記載）

パータ・ババ
Pâte à baba

(140ccの容器72個分)
全卵《œufs entiers》…389g
グラニュー糖《sucre semoule》…45g
塩《sel》…10g
中力粉《farine de blé mitadin》…500g
水《eau》…62g
インスタントドライイースト
《levure sèche instantanée》…11g
発酵バター《beurre》…125g

ミントのゼリー
Gelée de menthe

(140ccの容器30個分)
スペアミント《menthe verte》…7g
ライムのピュレ《purée de citron vert》…70g
グラニュー糖《sucre semoule》…70g
カラギーナン(富士商事「パールアガー 5128G」)
《carraghénane》…4g
フルーツ酸《acides citrique》…1g
炭酸水《eau gazeuse》…330g

洋ナシのコンポート
Compote de poires

(下記はつくりやすい分量)
洋ナシのシロップ漬け
《poires au sirop》…缶詰4缶分(1缶850g)
グラニュー糖《sucre semoule》…150g
バニラビーンズ(さやのみ使用)
《gousses de vanille》…2本
ライムのピュレ《purée de citron vert》…40g
洋ナシのオー・ド・ヴィ(ポワール・ウィリアム)
《eau-de-vie de poire Williams》…コンポート液に対して2%量

組立て・仕上げ
Montage, Décoration

シロップ《sirop》…下記はつくりやすい分量
　水《eau》…500g
　グラニュー糖《sucre semoule》…250g
ラム酒《rhum》…適量Q.S
梅酒《liqueur de prune japanaise》…適量Q.S
クレーム・パティシエール《crème pâtissière》…適量Q.S
スペアミント《menthe verte》…適量Q.S

＊クレーム・パティシエールの材料・つくり方は30頁参照。

つくり方

パータ・ババ
Pâte à baba

❶ ミキサーボウルに全卵、グラニュー糖、塩を入れ、泡立て器で混ぜ合わせる。
❷ ①に中力粉を入れ、その上に水に溶かしたインスタントドライイーストを入れ、ミキサーにセット。塩はイースト菌の活動を妨げるので、ミキサーボウルに材料を入れる際は、塩とイーストはできるだけ直接ふれないようにする。フックをとりつけ、高速で撹拌する。
❸ バターを、麺棒でたたいてやわらかくしてから、②に加える。生地がボウルからはがれるようになるまでミキサーをまわす。
❹ 直径4cm、深さ2cmの凹みのついたフレキシパンに生地を絞り入れ、上火・下火ともに180℃の平窯で約20分間焼成。その後180℃のコンベクションオーブンに移して約10分間焼成する。

ミントのゼリー
Gelée de menthe

❶ スペアミントの葉をちぎってすり鉢に入れ、すりこ木ですり、ライムのピュレを加えてのばす。
❷ グラニュー糖、カラギーナン、フルーツ酸をよく混ぜ合わせてから①に加え、さらに炭酸水も加えて混ぜ合わせる。
❸ ②を鍋に入れ、中火で約80℃まで加熱する。
❹ 80℃になったら鍋を火からおろし、バットにあけて、ラップフィルムを落としぶたのように表面に密着させるようにしてかける。粗熱をとり、冷蔵庫で冷やし固める。

洋ナシのコンポート
Compote de poires

❶ 洋ナシの缶詰をあけ、洋ナシとシロップをとり分ける。鍋にこのシロップとグラニュー糖、バニラビーンズのさや、ライムのピュレを入れ、中火で加熱する。
❷ 沸騰したら①の洋ナシを入れ、再度火にかけて沸騰させる。
❸ 火からおろし、鍋の口にラップフィルムをかけ、室温でひと晩おく。
❹ 翌日、鍋から洋ナシをとり出し、残った液体をストレーナーで漉してから、重量の2%量の洋ナシのオー・ド・ヴィを加え混ぜる。
❺ ④の洋ナシを1cm角にカットして、④に浸け込む。

組立て・仕上げ
Montage, Décoration

❶ 鍋に水とグラニュー糖を入れて火にかけ、沸騰したら火を止めてパータ・ババを入れる。ふたをして5〜8分間浸けたら、とり出して網台の上に置いて冷ます。
❷ ①のパータ・ババを横に2等分し、断面にラム酒と梅酒を刷毛で打つ。
❸ 容器にパータ・ババの半分を入れ、クレーム・パティシエールを絞り、もう半分のパータ・ババを重ねる。
❹ 1cm角の洋ナシのコンポートを入れ、その上にクレーム・パティシエールを絞り、約1.5cm角（食感が残る大きさ）にカットしたミントのゼリーをのせる。スペアミントを飾る。

TRAINING DAYS

……
シェフの修業時代

コンクールへの挑戦
──自分なりの"表現"を考えるきっかけに

　専門学校を卒業して、僕がパティシエとしていちばん最初に入った店が「ら・利す帆ん」でした。仕事は朝6時からスタートして、終わるのがだいたい夜の8時頃。寮に入っていたので、朝起きてから夜寝るまで、職場の先輩後輩とずっと生活をともにしていました。ひとつ上の先輩に辻口博啓さん（「モンサンクレール」オーナーシェフ）、後輩に神田広達くん（「ロートンヌ」オーナーシェフ）がいて、よく3人でつるんで遊んでいましたね。仕事はハードで、自由な時間がほとんどなくて、最初の3年間はとてもつらかったのですが、辻口さんや神田くんと一緒に仕事をしていた思い出は、いまの僕の宝ものになっています。

　利す帆んでは、当時のチーフがコンクールに力を入れていたので、僕も気がついたらコンクールに夢中になっていました。19歳の時に初エントリーし、運よく入賞したことで拍車がかかり、20代後半まで多くのコンクールに出場しました。コンクールは、勝ち負けに関係なく、得るものがとてつもなく大きい。出場していなければ学べなかったことや経験できなかったことも多々あります。あらゆる局面を1人でのり越えなければいけないので、精神的にも鍛えられるし、入賞すれば自信にもつながる。また、自分の至らない点を知ることもできます。

　コンクールは、若いパティシエにとって、唯一の自己表現の場だと思います。ふだんの仕事では、シェフが考案したケーキをほかのスタッフと分担して仕上げることが多い。でも、コンクールでは考案から完成までを1人で担当します。誰からも指示されず大変な反面、自分の考えを自由に表現できる希少な機会です。僕は最初の大会で、表現の難しさを痛感し、そこから色彩感覚や造形、構成について猛勉強しました。28歳の時に挑んだ「マンダリン・ナポレオン国際大会」の準備期間には、味覚的な表現の壁にぶつかり、試行錯誤しながらひたすら試作を重ねました。本番中にアクシデントもありましたが、やり直す時間も想定して練習をしてきたので、結果的には日本人として初優勝を飾ることができました。あの当時、悩んだり苦しんだりしながら挑み続けてきた経験が、いまの自分のベースになって

積極的にコンクールに挑戦していた修業時代。1996年にベルギーで開催された「マンダリン・ナポレオン国際大会」では、日本人として初めての優勝という栄冠を勝ちとった。

いる気がします。また、そうやって積み上げてきた実績が、図らずものちの評価につながり、たくさんのチャンスをいただくきっかけになりました。

フランスで修業すべき？
──僕なりの経験と見解

　利す帆んに約5年間勤めたのち、神奈川・葉山の「鴫立亭」で2年間、横浜ロイヤルパークホテルで4年間勤務。当時、フランスで働きたいという気持ちもなくはなかったのですが、それまで勤めてきた店にそういうつながりがなくて、フランス修業というのは別世界の話というか、あまり現実的に考えられませんでした。でも、ホテルを辞めて次の店に移る前にフランスで働いてみようと、職人向けの製菓学校で学び、パティスリーでスタジエを経験しました。といっても長期ではなく、ビザをとらなくてすむ最大限の3ヵ月間ほど。29歳の時でした。

僕が修業した店は、フランス南東部、アルプスの麓にあるグルノーブルの町場のパティスリーでした。オーナーはグラス（氷菓）のM.O.F.保持者でしたが、厨房スタッフ3人の小さな店でした。僕も経験を積んでいたので、作業内容についてとまどうことはなかったのですが、驚いたのはそのスピード。各自がいくつもの作業を並行して、とてつもないはやさでこなしていく。シューなんてコブだらけだし、あれもこれも一緒に窯に入れる。焼成時はタイマーもかけず、クリームやシロップの火入れもすべて目視で判断。仕事は荒っぽかったけれど、それでもできあがった菓子は不思議とどれも"味"がありました。

　とくに印象的だったのは、失敗したものを捨てないこと。ここでは余ったアメや失敗したアメ細工を集め、缶に入れて大切に保管していました。そして、それをキャラメルにして、結婚式用のクロカン・ブッシュの上がけなどに活用する。僕がパータ・ブリオッシュの配合を間違えてしまった時も、オーナーが試行錯誤しながら、手間や時間をかけて本来の生地に復元。ひと握りの材料でも無駄にせず大切にする彼らの姿勢は、僕にとってほんとうに衝撃的でした。粉や砂糖などの材料から商品をつくり、商売をする。それがパティシエの仕事だという強い思いや誇りを、肌で感じられたのは大きな収穫でした。

　フランスに行くか否かは個々の価値観や状況にもよりますし、それによって職人の価値が決まるというものでもない。僕の場合、長く修業したわけではないので、逆にフランス菓子に固執せず、自分なりの世界観を築けた気がします。しかし、フランスの田舎にある、ごくふつうのパティスリーの姿を垣間見ることができたのは、貴重な経験だったと思います。

シェフになるための準備
——いまを支えるスーシェフ時代の経験

　フランスでの3ヵ月間の修業を経て、僕は「モンサンクレール」のスーシェフとして、オープンの1998年から約3年間、同店に勤務しました。それ以前に勤務していた横浜ロイヤルパークホテルでは、製造主任を経験。仕事に対して自分なりの理念を構築したのはこの時期です。それを初めて実践できたのが、モンサンクレールのスーシェフ時代でした。

　スーシェフの役目は、シェフが望む菓子や生産量を、きちんとかたちにしていくこと。そのために、厨房スタッフをまとめながら生産工程を組み、商品および人の管理をしていくのが仕事です。ですから、スーシェフはスタッフたちの状況や、厨房全体の製造力など、チームとしてのコンディションをつねに把握していないといけない。シェフと厨房スタッフのジョイント役として、双方のよき理解者であることも非常に大切です。

　モンサンクレールは、オープンして間もなくメディアでも頻繁にとり上げられる人気店になりました。客数の増加に応じて生産量も増えましたが、はやい段階でそれを完璧にこなせるよいチームができ、労働時間もぐっと短縮。クリスマス時期以外は18時半には終礼をしていました。この経験は僕自身の自信にもつながりました。また、過酷なオープニングをスーシェフの立場で体験できたことは、何にも代えがたい財産となっています。

店内の壁に飾っている安食シェフの修業時代の写真。上は「マンダリン・ナポレオン国際大会」での記念写真。下は「モンサンクレール」のスーシェフ時代、辻口博啓シェフや職場の仲間と一緒に。

SHOWCASE

....

アントルメのショーケース

for "Entremets"
[アントルメ用ショーケース]

3段のショーケースには約15種類のアントルメをディスプレー。ショートケーキのアントルメは、週末は1日50台を販売している。そのアレンジとして人気なのが、「ク MAX」「うさぎちゃん」「ひよこちゃん」などのキャラクターケーキだ。プチガトーの人気アイテムもより華やかな仕立てで特別な日を演出する。

CHAPTER
④

Cake & Snack

ユウジアジキのおやつ菓子

ギフト需要の高い焼き菓子や、手土産に人気のケイク、
遊び心あふれる"おやつ菓子"も大人気。
クッキーやプリン、ロールケーキなど、
気軽に楽しめるふだん着のお菓子は、
ユウジアジキのもうひとつの"顔"になっています。

Madeleine

マドレーヌ

マドレーヌは、フランス・ロレーヌ地方、コメルシー発祥の郷土菓子。現在はどこの菓子店でも見かける基本の焼き菓子だが、レシピは店それぞれ。ユウジアジキでは、卵とバターの風味を生かすため、ハチミツはクセがなく、上品な甘みとこくが特徴のレンゲハチミツを使用。粉は強力粉と薄力粉を合わせ、弾力のある食感に仕上げている。

材料（70個分）

全卵《œufs entiers》…541g
グラニュー糖《sucre semoule》…374g
薄力粉《farine de blé tendre》…254g
強力粉《farine de blé dur》…254g
ベーキングパウダー《levure chimique》…11.5g
塩《sel》…1g
発酵バター《beurre》…509g
ハチミツ《miel》…180g

つくり方

1

ボウルに全卵を入れ、泡立て器でときほぐしてから、グラニュー糖を加えてすり混ぜる。ボウルの底を直火にあて、温度を30℃前後に保ちながら、卵のコシが切れるまで泡立て器でよく混ぜる。

2

薄力粉、強力粉、ベーキングパウダー、塩を**1**に加え、泡立て器で混ぜる。粉類はあらかじめ合わせてふるっておく。

3

鍋にバターとハチミツを入れ、火にかけて溶かし合わせる。45℃前後になったら、**2**に加え混ぜる。

4

ボウルの真ん中に泡立て器を立て、中心から乳化するように混ぜる。きれいに乳化したらゴムベラに持ち替え、ボウルをまわしながら、底からすくい返すようにして混ぜる。

5

絞り袋に**4**を入れ、型に絞る。150℃のコンベクションオーブンに入れ、ダンパーを開けて約10分間焼成したあと、ダンパーを閉じて1～2分間、型の前後を入れ替えてさらに1～2分間焼く。

6

焼成時間はトータルで12～14分。オーブンからとり出し、型からはずしてプラックに並べ、冷ます。

Madeleine Vanille
マドレーヌ・バニーユ

口の中でマダガスカル産バニラの芳香が広がる、バニラ風味のマドレーヌ。プレーンタイプ同様、ベースはハチミツ入りのしっとりとした生地。ハチミツは溶かしバターと合わせてから生地に加える。

Financier Beurre Noisette

フィナンシェ・ブール・ノワゼット

「金融事業家、金持ち」という名前の金塊形のフィナンシェは、バター、アーモンドパウダー、ハチミツをたっぷりと使ったリッチな菓子で、ユウジアジキでは3種類を用意。「ブール・ノワゼット」は、焦がしバターのこうばしい風味が特徴だ。ポイントは、バターの焦がし具合。ハシバミ色よりさらに濃い色に仕上げて、個性を出している。

材料（70個分）

発酵バター《beurre》…906g
ハチミツ《miel》…57g
卵白《blancs d'œufs》…1020g
牛乳《lait》…74g
アーモンドパウダー
《amandes en poudre》…409g
薄力粉《farine de blé tendre》…362g
粉糖《sucre glace》…810g
塩《sel》…4.2g

つくり方

1
鍋にバターとハチミツを入れ、火にかけて焦がしバター(ブール・ノワゼット)をつくる。溶けたバターが、ハシバミ色を通り越して黒に近い状態になるまで熱する。ユウジアジキでは、溶かしバターでつくるフィナンシェも用意しているので、ブール・ノワゼットはしっかり焦がして違いを強調する。

2
ブール・ノワゼットを好みの色に仕上げたら鍋を火からおろし、鍋の底を流水に浸けて冷ましてから、キッチンペーパーを敷いたストレーナーで漉す。

3
卵白をボウルに入れて牛乳を加え、泡立て器で軽く泡立てる。バターを加熱することによってバターの約15％の水分が失われるので、牛乳で水分を調整する。

4
アーモンドパウダー、薄力粉、粉糖、塩を加え、粉けがなくなるまでよく混ぜる。粉類はあらかじめ合わせてふるっておく。

5
2を**4**に一気に加える。ボウルの真ん中に泡立て器を立て、中心から乳化するように混ぜる。きれいに乳化したらゴムベラに持ち替え、ボウルをまわしながら、底からすくい返すようにしてまんべんなく混ぜる。

6
絞り袋に**5**を入れ、型に絞る。164℃のコンベクションオーブンに入れ、ダンパーを開けて約14分間焼成したあと、ダンパーを閉じて2～3分間、型の前後を入れ替えてさらに2～3分間焼く。

Financier
フィナンシェ(左)

Financier Maple
フィナンシェ・メープル(右)

発酵バターとアーモンドの風味とこくがじんわりと広がるプレーンの「フィナンシェ」と、メープルシュガーを加え、砂糖がけしたクルミをトッピングした「フィナンシェ・メープル」。いずれもつやがあり、むっちりとした仕上がりが特徴。

Carré Alsacienne

キャレ・アルザシエンヌ

焼き菓子は、定番を中心としたラインアップ。キャレ・アルザシエンヌも、しっかりと焼き込んだ2枚のパート・フイユテの間に甘ずっぱいフランボワーズのコンフィチュールを挟み、上面にアーモンド入りのヌガーをぬった、日本では人気の焼き菓子だ。ヌガーの甘みとコンフィチュールの酸味のバランスがよく、サクサクのパイ生地と、カリッとしたアーモンドの食感も楽しい。

材料（65個分）

アーモンドスライスのヌガー
《nougat aux amandes effilées》
- 発酵バター《beurre》…182g
  生クリーム（乳脂肪分35%）
  《crème fleurette 35% MG》…110g
  グラニュー糖《sucre semoule》…176g
  水アメ《glucose》…44g
  ハチミツ《miel》…22g
  アーモンドスライス
  《amandes effilées》…200g

パート・フイユテ《pâte feuilletée》*
…60cm×40cm、厚さ2mmの生地2枚
フランボワーズのコンフィチュール
《confiture de framboises》
…下記の材料を鍋に入れ、糖度75%になるまで煮詰める。350gを使用する
- ラズベリージャム
  《confiture de framboises》…1500g
  フランボワーズ（ブロークン・冷凍）
  《brisures de framboises surgelées》
  …1500g
  グラニュー糖《sucre semoule》…750g

＊ パート・フイユテの材料・つくり方は28頁参照。

つくり方

1

アーモンドスライスのヌガーをつくる。鍋にバター、生クリーム、グラニュー糖、水アメ、ハチミツを入れて中火にかけ、110℃まで煮詰める。

2

アーモンドスライスを加え、ゴムベラでよく混ぜる。

3

厚さ2mmにのばして60cm×40cmにカットしたパート・フイユテを2枚用意し、ピケをして、天板にのせて180℃のコンベクションオーブンで約30分間焼成。焼き上げた生地1枚の片面に**2**をまんべんなくぬり広げる。

4

3を160℃のコンベクションオーブンに入れ、ダンパーを開けて約25分間焼成。途中、天板の前後を入れ替え、全体に均等に焼き色がついたらオーブンからとり出す。

5

4を波刃包丁で4.5cm角に切る。

6

鍋にラズベリージャムを入れて火にかけ、フランボワーズとグラニュー糖を加えて軽く煮詰める。

7

もう1枚のパート・フイユテの片面に、**6**をまんべんなくぬり広げる。

8

4.5cm角にカットした**5**を、生地をくっつけたままの状態で、ヌガーをぬった面を下にしてまな板に置き直し、その上に**7**を、フランボワーズのコンフィチュールをぬった面が下になるようにして重ねる。

9

8にまな板をかぶせて裏返し、ヌガーをぬった面を上にする。切り目に合わせて波刃包丁を入れ、下の生地もカットする。

DEMI-SEC & FOUR SEC

......

焼き菓子

外はさっくり、中はふっくらとしたダコワーズ生地の間に、ヘーゼルナッツ風味のクレーム・ムースリーヌをサンド。生地に加えるメレンゲは、糖度を抑えつつ、きめ細かく安定した仕上がりにするため、砂糖を加えて冷凍・解凍したチルド状態の卵白を使用している。

Dacquoise Noisette
［ ダコワーズ・ノワゼット ］

19世紀に生まれたアーモンドが主役の焼き菓子。同店ではローマジパンとアーモンドパウダーをブレンドし、アーモンド感を強調しつつしっとりとした仕上がりに。さらにすりおろしたオレンジの皮を加え、濃厚な伝統菓子にさわやかさとオリジナリティをプラス。

Pain de Gênes aux Amandes
［ パン・ド・ジェンヌ・アマンド ］

ふくよかな生地に、レモンの風味を抱き込んだパウンドケーキ。土台はバター、卵、小麦粉、砂糖を同割で合わせ、レモンの皮のすりおろしを加えたベーシックなウィークエンド生地。水を加えず、レモン果汁と粉糖のみでつくった甘ずっぱい上がけがアクセントに。

Week-end Citron
［ ウィークエンド・シトロン ］

グラニュー糖をまぶしたサブレ。①は皮つきのクルミを、②はココナッツファインを、③はホールの白ゴマを使い、それぞれ油脂分が出るまで、店でじっくりと挽いた自家製ペーストを使用。さらに①はきざんだクルミを、③はホールの白ゴマを生地にプラスしている。

❶ Diamant Noix
［ディアマン・ノワ］

❷ Diamant Coco
［ディアマン・ココ］

❸ Diamant Sésame
［ディアマン・セザム］

アイスボックス製法のクッキー。④バニラ風味の生地に皮つきのクルミをのせて焼成。⑤カカオパウダーときざんだチョコレート入りの生地にアーモンドをプラス。⑥サブレ生地に軽くローストしたヘーゼルナッツ入り。⑦上新粉を使用。くずれるような食感が特徴。

❹ Sablé Vanille
［サブレ・バニーユ］

❺ Sablé Chocolat Amande Cannelle
［チョコシナモンサブレ］

❻ Sablé Noisette
［サブレ・ノワゼット］

❼ Sablé Riz
［米サブレ］

ワインにも合う塩味のフール・セック。⑧棒状にカットしたパート・フイユテに黒ゴマをのせて焼成。⑨くだいたクルミとアーモンドが入ったチーズ風味のサブレ。⑩パート・フイユテに店ですりおろしたエダムチーズ、ゲランドの塩、挽きたての白コショウをトッピング。

❽ Bâton Sésame
［バトン・セザム］

❾ Sablé Fromage Salé
［塩サブレ］

❿ Bâton Fromage
［バトン・フロマージュ］

DEMI-SEC & FOUR SEC ｜ 焼き菓子

CAKE

ケイク

Cake Bamboo
[ケイク・バンブー]

抹茶とピスタチオを合わせたパウンド生地と、みずみずしいイチゴの組合せ。もともとは抹茶を使ったケイクをつくろうと考え、試作時に同系色のピスタチオを合わせたところ、色だけでなく味覚的な部分でも共通項と相乗効果を感じて商品化に至ったもの。

Cake Peach Tea
[ケイク・ピーチティー]

市販のペットボトル入りピーチティーに着想を得て、「モモと紅茶の相性のよさを菓子で表現したいと思った」と安食シェフ。細かくくだいたアッサムの茶葉を加えた生地に、生のモモを入れて焼成。同店の「茶葉+フレッシュ果実のケイク」の第1号となった。

Cake Mojito
[ケイク・モヒート]

カクテルのモヒートをイメージしたケイク。フレッシュのスペアミントは、使う寸前にすり鉢ですり、ライム果汁をブレンド。これを生地に混ぜ込み、洋ナシ「ルレクチェ」を加えてしっとりと焼成。表面にラム酒風味のシロップを打った辛党にもおすすめの一品。

「バンブー」は緑、「ピーチティー」は茶色など、ペーストや粉末状にした素材を生地に練り込んでいるため、断面の表情もカラフル。

Cake Coco Banane
[ケイク・ココバナーヌ]

決め手は自家製のココナッツペースト。「ココナッツファインをじっくりと時間をかけて挽くことで、本来のミルキーな風味と甘みを引き出しました」(安食シェフ)。このペーストを練り込んだ生地に、バナナを加えて焼き上げ、たっぷりとココナッツをまぶした。

Cake Figues Noir et Cassis
[ケイク・フィグノワールカシス]

フレッシュの黒イチジクを使った期間限定商品。粉末にしたアッサムの茶葉にカシスのピュレを混ぜ、ピュレを茶葉に含ませてから生地に合わせた。型に流し、上に黒イチジクを並べて焼成。カシスのコンポートのシロップを表面に打ち、カシスの実をトッピング。

Cake Hibiscus
[ケイク・ハイビスカス]

「太陽」という品種が出まわる夏の時期だけ店頭に並ぶ、フレッシュのプラムを使ったケイク。生地にはハーブティー用のハイビスカスを粉砕して加え、上にくし切りにしたプラムを並べて焼成。味の邪魔をしないよう無味無臭の寒天を使って表面をつややかに。

Bear's Pillow
[ラ・クマのマクラ]

「ベイクドチーズと果実のタルトのマリアージュ」（52頁参照）のチーズクリームを、小さく焼き上げたスフレチーズケーキ。コンベクションオーブンでしっとり焼いてから平窯で表面を乾かし、最後にガスバーナーで焼き色をつけるなど、ていねいに仕上げて素朴なおいしさを引き出している。商品名の「ラ・クマのマクラ」は、俵形のケーキをまくらに見立ててのもの。上から読んでも下から読んでも同じという、ネーミングまでおいしい一品。

Ajiki-roll
[安食ロール]

オープン以来、根強いファンを獲得している人気商品。空気をたっぷりと含ませ、コンベクションオーブンで、ふっくら、しっとり焼き上げた、きめ細かなシフォンタイプの生地が決め手。「那須御養卵」やハチミツなどを使って表現した、濃厚でいてやさしい甘みが魅力だ。乳脂肪分40％のクレーム・シャンティイとクレーム・パティシエールを巻き込んで、シンプルに仕上げている。焼き目が表にくるように生地を巻いているのもポイント。

❶ プレミアム《Premium》 ❷ ジャージー《Jersey》 ❸ スタンダード《Standard》

Pudding

....

プリン

プリンは人によって好みがあるため、3タイプを用意。①は、牛乳の分量の一部を生クリーム、濃縮牛乳に変え、バニラビーンズの量を多くし、卵は卵黄のみ使用するというリッチな配合。なめらかな食感が特徴だ。②は、ジャージー種の牛乳、生クリームの濃厚な味わいを生かしたもの。③は、やや固めの昔ながらのプリン。低温殺菌牛乳を使用し、バニラビーンズの量を控え、卵黄の配合を多くして、卵の香り、風味を強調した。

| 材料（各100ccの容器20個分） |

プレミアムプリン
Premium Pudding

牛乳《lait》…750g
濃縮牛乳(乳脂肪分8.8%)
《lait 8.8% MG》…300g
生クリーム(乳脂肪分38%)
《crème fleurette 38% MG》…450g
グラニュー糖《sucre semoule》…165g
バニラビーンズ《gousses de vanille》…1と1/2本
卵黄《jaunes d'œufs》…240g
カラメルタブレット
《tablettes de caramel》…20個

ジャージープリン
Jersey Pudding

牛乳(ジャージー種)《lait》…900g
生クリーム(ジャージー種、乳脂肪分40%)
《crème fraîche 40% MG》…600g
グラニュー糖《sucre semoule》…180g
全卵《œufs entiers》…210g
卵黄《jaunes d'œufs》…90g
カラメルタブレット
《tablettes de caramel》…20個

スタンダードプリン
Standard Pudding

牛乳(低温殺菌牛乳)
《lait pasteurisé》…1500g
純糖(オーガニックシュガー)
《sucre biologique》…174g
バニラビーンズ《gousse de vanille》…1/2本
全卵《œufs entiers》…105g
卵黄《jaunes d'œufs》…255g
乾燥卵白《blancs d'œufs séchés》…4.5g
カラメルタブレット
《tablettes de caramel》…20個

| つくり方 |

1 プリン3種類は、材料・配合は異なるものの、つくり方はほぼ同じ。鍋に牛乳や濃縮牛乳、生クリーム、バニラビーンズを入れ、砂糖を3分の1量加え、火にかけて約80℃まで加熱する。バニラビーンズは、さやを縦にさいてペティナイフで種をしごき出し、あらかじめ牛乳に6時間ほど浸けておく。

2 ボウルに全卵や卵黄、残りの砂糖、スタンダードプリンの場合は乾燥卵白も入れて、泡立て器でよくすり混ぜる。

3 **1**が沸騰したらバニラのさやをとり除き、**2**と合わせる。ストレーナーで漉してから、カラメルタブレットを入れた容器に流す。

4 85℃のコンベクションオーブンに入れ、7分間隔で蒸気を入れながら、38分間焼成する。

Galette des Rois

ガレット・デ・ロワ

1月6日のキリスト教の公現祭に食べられる祝い菓子で、その名も「王様のガレット」。中にフェーヴと呼ばれる陶製の宝物がかくれており、切り分けた時にこれが当たった人は王様となってみんなに祝福されるというお楽しみつき。ユウジアジキでも年明けから1月中旬まで提供。パイ生地にクレーム・ダマンドを挟んだオーソドックスなスタイルで。

材料（直径21cm、1台分）

パート・フイユテ《pâte feuilletée》*1
…直径21cm、厚さ2mmの生地2枚
クレーム・ダマンド《crème d'amandes》*2
…200g

*1 パート・フイユテの材料・つくり方は28頁参照。
*2 クレーム・ダマンドの材料・つくり方は33頁参照。

つくり方

1

厚さ2mmにのばしたパート・フイユテを、7号サイズの丸型を利用して直径21cmの円形に切る。あらかじめ冷凍庫に生地を入れて冷やしておくと、切りやすい。2枚用意する。

2

円形にカットしたパート・フイユテ1枚をまな板に置き、卵黄に適量の水を混ぜたドリュール（材料外）を生地の縁にぬる。この時、ドリュールが生地の切り口にたれないように注意する。中央にはクレーム・ダマンドを、中心から外に向かって渦巻き状に2段、なだらかなドーム形になるように絞る。

3

フェーヴをクレーム・ダマンドの中に埋め、パレットナイフで表面をならす。

4

もう1枚の生地をかぶせ、軽く手で押さえて空気をぬきながらぴったりと密着させる。パート・フイユテはのばした方向に焼き縮むため、上の生地は、下の生地とのばした方向が90度ずれるようにして重ねる。

5

回転台にのせ、生地の縁をつまんでペティナイフで切り込みを入れて模様をつくる。ドームの裾の部分にぐるりと1周、フォークで蒸気をぬくための穴をあける。冷蔵庫に入れて1日やすませる。

6

翌日、縁の模様の部分にドリュールをぬる。クレーム・ダマンドを挟んだドーム状の部分にもドリュールをぬる。ドームの中央に竹串をさして穴をあけ、中心から裾に向かって、ペティナイフの背で筋模様を描く。上火183℃・下火180℃の平窯で約50分間焼成する。

Stollen

・・・・

シュトーレン

バターをたっぷり使った甘い発酵生地に、ドライフルーツとローマジパンを入れて焼き上げたドイツのクリスマスケーキ。本来はキリストのおくるみを思わせる楕円形だが、パウンド型に生地を入れて四角く焼き上げているのが特徴。冷蔵庫で約1ヵ月間熟成させてから店頭に並べる。薄くスライスし、電子レンジで軽く温めると味わいが増す。

材料（11.6cm×9.3cm、高さ6cm、12個分）

フルーツのラム酒漬け《fruits confits au rhum》
- サルタナレーズン《sultanines》…550g
- ラム酒《rhum》…80g
- フルーツミックス《fruits confits》*1…226g

イチジクの赤ワイン漬け《figues au vin rouge》
- セミドライイチジク《figues semi-confites》…550g
- 赤ワイン《vin rouge》…90g
- 水《eau》…90g
- グラニュー糖《sucre semoule》…122g

中種《levure》
- 牛乳《lait》…249g
- ハチミツ《miel》…44g
- 強力粉《farine de blé dur》…264g
- 生イースト《levure de boulanger》…88g

ローマジパンA
《pâte d'amandes crue》…220g
- バニラビーンズ《gousse de vanille》…1本

グラニュー糖《sucre semoule》…110g
シナモンパウダー《cannelle en poudre》…2g
塩《sel》…11g
発酵バター《beurre》…329g
卵黄《jaunes d'œufs》…59g
レモンの皮《zestes de citrons》…3個分
強力粉《farine de blé dur》…616g

ローマジパンB
《pâte d'amandes crue》…350g

浸け込み用バター《beurre pour tremper》*2
- 発酵バター《beurre》…300g
- 濃縮牛乳（乳脂肪分8.8%）《lait 8.8% MG》…120g
- 米油《huile de riz》…120g

粉糖《sucre glace》…適量 Q.S

*1 フルーツミックスは、うめはらの「ミックスフルーツ」を使用。
*2 小鍋に材料を入れ、火にかけて混ぜ合わせながらバターを溶かし、約50℃まで加熱する。

つくり方

1 フルーツのラム酒漬けをつくる。ボウルにサルタナレーズンを入れ、ラム酒を注いで戻す。フルーツミックスを加えてよく混ぜてから、ラップフィルムを落としぶたのように密着させて、室温でひと晩ねかせる。

2 イチジクの赤ワイン漬けをつくる。セミドライイチジクを2分の1（固いものは4分の1）にカットしてボウルに入れる。赤ワイン、水、グラニュー糖を合わせて沸かしたものを、イチジクを入れたボウルに注ぎ、ラップフィルムを落としぶたのように密着させて、室温でひと晩ねかせる。

3 中種をつくる。鍋に牛乳とハチミツを入れて火にかけ、約40℃まで加熱する。

4 ミキサーボウルに強力粉と生イーストを入れ、ビーターをとりつけたミキサーにセットし、低速で撹拌する。生イーストの塊がなくなったら、ミキサーボウルの縁から**3**を少量ずつ加える。そのまま1分間低速でまわし、さらに中高速で2分間まわす。ボウルから生地がはがれるようになったらミキサーを止め、濡らした布をかぶせ、30℃の場所で1時間発酵させる。生地が約2倍に膨らんだら、パンチをし、再度30℃の場所で1時間発酵させる。

5 本生地をつくる。ミキサーボウルに、ローマジパンA、バニラビーンズ（種のみ）、グラニュー糖、シナモンパウダー、塩を入れてミキサーにセットし、中低速で撹拌する。バターを、麺棒でたたいて固さを均一にしてから、ミキサーボウルに少量ずつ加え混ぜる。

6 卵黄を入れたボウルにすりおろしたレモンの皮を加え、それをミキサーボウルの縁から少しずつ入れる。空気を含ませるように撹拌する。

7 **6**に**4**の中種を加え、混ぜ合わせる。強力粉を加えて低速で撹拌し、粉がなくなったらミキサーを止め、生地を作業台にあける。

8 麺棒で生地を約100cm×30cmにのばし、汁けをきったフルーツのラム酒漬けをまんべんなくちらす。ローマジパンBを約100cmの棒状にのばして生地の端にのせ、これを芯にして生地を巻く。ひと巻きするごとに汁けをきったイチジクの赤ワイン漬けを均等に並べて巻き込んでいく。計3回巻き上げる。

9 巻き終えたら形をととのえて4等分し（1本約940〜950g）、37cm×9.3cm、高さ6cmのパウンド型に入れ、冷蔵庫に入れて20分間やすませる。その後室温で20分間やすませ、天板にのせて上火175℃・下火185℃の平窯で約50分間焼成。窯に入れて30分経ったら天板の前後を入れ替え、生地が浮いてきたら型で押さえて表面が平らになるようにする。

10 オーブンから出したらすぐに1本を3等分にカットし（11.6cm）、約50℃に温めた浸け込み用バターを刷毛でぬり、粉糖をまぶす。3〜4回くり返して好みの厚さにする。一つひとつをラップフィルムで包んで、冷蔵庫に入れてひと晩ねかせる。翌日、もう一度上からラップフィルムで包んで冷蔵庫で保管する。

CHOCOLAT

……

バレンタインデーのチョコレート

Love Central
［ ラブ・セントラル ］
—— ボンボン・ショコラ10種入り

バレンタインデー期間限定のボンボン・ショコラの詰合せ。センターは上段左から、アーモンドのプラリネ、カクテル「モヒート」をイメージしたガナッシュ、燻製生クリームとアルマニャック風味、フランボワーズ風味、ハチミツ＆ショウガ風味のガナッシュ。下段は左から、クルミのガナッシュ、アニス風味、コーヒー風味、ベルガモット＆ラベンダー＆オレンジの花の風味、塩キャラメルとトンカ豆の組合せのガナッシュ。

Dango

[ダンゴ]
——トリュフ3種入り、6種入り

中が空洞になっているトリュフボールに、ゆるめのガナッシュを詰めたトリュフの詰合せ。6種入りは手前から時計回りに、塩キャラメル、キャラメル＆アルマニャック、シャンパン、シードル、フランボワーズ＆バラ風味、桑の実＆紅茶風味のガナッシュ。

Praliné

[プラリネ]

手前は、こうばしいヘーゼルナッツのプラリネにミルクチョコレートをつけ、フリーズドライのバナナチップをトッピングした「プラリネ・ノワゼット」。奥は、アーモンドのプラリネにミルクチョコレートをつけ、フリーズドライのイチゴをちらした「プラリネ・アマンド」。このほか、タブレットやオランジェットなど、毎年15〜20品のバレンタインデー限定商品をそろえている。

Rocher Amande
[ロシェ・アマンド]

1時間半かけてていねいに炊き上げたこうばしい自家製のアーモンドプラリネと、ミルクチョコレートの組合せ。

材料（34cm×34cm、高さ1cmのカードル1台分）

アーモンドのプラリネ《praliné aux amandes》
…下記分量でつくり、912gを使用
  グラニュー糖《sucre semoule》…465g
  水《eau》…150g
  アーモンド《amandes》…700g
ミルクチョコレート（ヴァローナ「ジヴァラ・ラクテ」・カカオ分40%）
《chocolat au lait 40% de cacao》…417g
カカオバター《beurre de cacao》…137g
コーティング用ミルクチョコレート
《chocolat au lait pour enrobage》…適量Q.S

つくり方

1 自家製のアーモンドのプラリネをフードプロセッサーで撹拌し、ペースト状にする。
2 ボウルにチョコレートを入れて湯煎で溶かし、1とカカオバターを加えてテンパリングし、24℃まで冷ます。粗熱をとったあと、板状にのばして、室温でまる1日やすませる。
3 2を細かく割ってミキサーボウルに入れ（写真①）、ミキサーにセットし、中速で撹拌する。空気をたっぷり含ませてオーバーランの状態に。
4 作業台にテンパリングしたコーティング用ミルクチョコレートを薄くのばし、チョコレートが固まらないうちに34cm×34cm、高さ1cmのカードルを上に置く。カードルからはみ出た余分なチョコレートを削って除き、カードルの中に3を入れてヘラで平らにならす（写真②）。冷蔵庫に入れ、1日おく。
5 翌日、4をギッターで好みのサイズにカットし（写真③）、ミルクチョコレートでコーティングする。コーティングの際に息を吹きかけることで、表面に波のような模様ができる（写真④）。

Smoky Armagnac
[スモーキー・アルマニャック]

ガナッシュに、燻香を移した生クリームと、25年もののヴィンテージブランデー「アルマニャック」を使用。

材料（34cm×34cm、高さ1cmのカードル1台分）

サクラのスモークウッド《bois de fumage》…適量Q.S
生クリーム(乳脂肪分35%)《crème fleurette 35% MG》…585g
転化糖《sucre inverti》…140g
ブラックチョコレート(ドモリ「スル・デル・ラゴ75%」・カカオ分75%)
《chocolat noir 75% de cacao》…310g
ブラックチョコレート(ドモリ「サンビラーノ75%」・カカオ分75%)
《chocolat noir 75% de cacao》…250g
ミルクチョコレート(ヴァローナ「ジヴァラ・ラクテ」・カカオ分40%)
《chocolat au lait 40% de cacao》…93g
発酵バター《beurre》…128g
アルマニャック《armagnac》…60g
コーティング用ブラックチョコレート
《chocolat noir pour enrobage》…適量Q.S

つくり方

1 天板にセルクルを置き、そのまわりにサクラのスモークウッドを配して、セルクルの上に生クリームを入れたボウルをのせる（写真①）。スモークウッドに火をつけたら、生クリームのボウルがすっぽりかくれるようにミキサーボウルをかぶせ、煙を充満させ、燻香を生クリームに移す。
2 燻煙時間は約30分間。ミキサーボウルをとると、生クリームの表面にはキャラメルのような膜が張っている（写真②）。
3 2を計量し、加熱により減ったぶんの生クリーム（材料外）を足して鍋に入れる。転化糖を加えて火にかけ、混ぜながら約80℃になるまで加熱する（写真③）。
4 きざんだ3種類のチョコレートをボウルに入れ、3を加える（写真④）。そのまましばらくおいて、生クリームの熱でチョコレートを溶かす。チョコレートが溶けたら、泡立て器でゆっくり混ぜて乳化させる。8割方乳化したらバターを加え、バターが混ざったらアルマニャックを加えてよく混ぜる。できあがりは30℃が理想的。
5 作業台にテンパリングしたコーティング用ブラックチョコレートを薄くのばし、チョコレートが固まらないうちに34cm×34cm、高さ1cmのカードルを上に置く。カードルからはみ出た余分なチョコレートを削って除き、カードルの中に4のガナッシュを流してラクレットパスカルで平らにならす。冷蔵庫に入れ、1日おく。
6 翌日、5をギッターで好みのサイズにカットし、ブラックチョコレートでコーティングする。コーティングの際に息を吹きかけて、表面を波のような模様に。

Mojito
[モヒート]

カクテル「モヒート」をイメージした、ミント、ライム、ラム酒の組合せを、ボンボン・ショコラにも応用。

材料（34cm×34cm、高さ1cmのカードル1台分）

生クリーム(乳脂肪分35%)《crème fleurette 35% MG》…320g
水アメ《glucose》…137g
スペアミント《menthe verte》…2パック分
ライムのピュレ《purée de citron vert》…160g
ブラックチョコレート(ドモリ「アリバ・ナシオナル75%」・カカオ分75%)
《chocolat noir 75% de cacao》…478g
ミルクチョコレート(ヴァローナ「ジヴァラ・ラクテ」・カカオ分40%)
《chocolat au lait 40% de cacao》…447g
ラム酒《rhum》…20g
コーティング用ブラックチョコレート
《chocolat noir pour enrobage》…適量Q.S

つくり方

1 鍋に生クリームと水アメを入れ、火にかけて沸かす。
2 すり鉢にミントの葉を入れ、すりこ木でする。ライムのピュレを加えて、さらにすり混ぜる（写真①〜④）。これを別の鍋に入れ、火にかけて沸かす。
3 きざんだ2種類のチョコレートをボウルに入れ、**1**と**2**、ラム酒を加え混ぜて乳化させる。
4 作業台にテンパリングしたコーティング用ブラックチョコレートを薄くのばし、チョコレートが固まらないうちに34cm×34cm、高さ1cmのカードルを上に置く。カードルからはみ出た余分なチョコレートを削って除き、カードルの中に**3**のガナッシュを流してラクレットパスカルで平らにならす。冷蔵庫に入れ、1日おく。
5 翌日、**4**をギッターで好みのサイズにカットし、ブラックチョコレートでコーティングする。チョコレートフォークで模様をつける。

Columbia Nariño
[コロンビア・ナリーニョ]

煎ったコーヒー豆を生クリームに24時間浸して風味を抽出。コーヒーの香り、甘みや苦みを凝縮したひと粒。

材料（34cm×34cm、高さ1cmのカードル1台分）

コーヒー豆《grains de café torréfier》…100g
生クリーム(乳脂肪分35%)《crème fleurette 35% MG》…542g
転化糖《sucre inverti》…123g
ブラックチョコレート(ドモリ「サンビラーノ75%」・カカオ分75%)
《chocolat noir 75% de cacao》…266g
ブラックチョコレート(ドモリ「スル・デル・ラゴ75%」・カカオ分75%)
《chocolat noir 75% de cacao》…200g
ミルクチョコレート(ヴァローナ「ジヴァラ・ラクテ」・カカオ分40%)
《chocolat au lait 40% de cacao》…213g
発酵バター《beurre》…136g
コーティング用ブラックチョコレート
《chocolat noir pour enrobage》…適量Q.S
粒状チョコレート(ヴァローナ「パール・ショコラ」)
《perles chocolat noir》…適量Q.S

つくり方

1 コーヒーの焙煎豆をすりこ木で粗めにくだき（写真①）、鍋に入れて煙が出るまで炒める（写真②）。
2 **1**を、生クリームを入れた容器に入れてそのまま24時間おき、生クリームにコーヒーの風味を移す（写真③）。
3 **2**を鍋に入れ、火にかけて50〜60℃まで加熱し、ストレーナーで漉す。計量して、加熱によって減ったぶんの生クリーム（材料外）を足して鍋に入れる。転化糖を加えて火にかけ、混ぜながら約80℃になるまで加熱する。
4 きざんだ3種類のチョコレートをボウルに入れ、**3**を加える。そのまましばらくおいて、生クリームの熱でチョコレートを溶かす。チョコレートが溶けたら、泡立て器でゆっくり混ぜて乳化させる。8割方乳化したらバターを加え混ぜる。
5 作業台にテンパリングしたコーティング用ブラックチョコレートを薄くのばし、チョコレートが固まらないうちに34cm×34cm、高さ1cmのカードルを上に置く。カードルからはみ出た余分なチョコレートを削って除き、カードルの中に**4**のガナッシュを流してラクレットパスカルで平らにならす。冷蔵庫に入れ、1日おく。
6 翌日、**5**をギッターで好みのサイズにカットし（写真④）、ブラックチョコレートでコーティングする。粒状のチョコレートを飾る。

CONFISERIE

......

ホワイトデーの贈りもの

❶ **Guimauve**
[ギモーヴ]

❷ **Macaron Flower**
[マカロン・フラワー]

①イタリアン・メレンゲでつくるマシュマロは、バニラ、レモン、チョコミント、フランボワーズ&バラ風味の4種類。②花をテーマにしたマカロンの詰合せ。手前から、ハイビスカスの生地にグロゼイユのクリーム、ラベンダーとアールグレイの生地にレモンのクリーム、ジャスミンの生地にカモミールのクリーム、アールグレイの生地にアールグレイ&オレンジフラワーウォーターのガナッシュ、フランボワーズの生地にフランボワーズ&バラのクリーム。

❸ Love Rocks Shiro
［ラブ・ロックス・シロ］

❹ Marie Antoinette's Sweets
［マリー・アントワネットのおやつ］

❺ Pâtes de Fruits
［パート・ド・フリュイ］

③ライスパフとフイアンティーヌをホワイトチョコレートで固めたサクサクのクランチ。フリーズドライのバナナとパッションフルーツ入り。　④ひと口サイズのメレンゲの詰合せ。フランボワーズ風味、レモン風味、パッションフルーツ風味の3種類。　⑤100%果汁に砂糖とペクチンを加えて煮詰めたハードゼリー。パッションフルーツ、モモ、イチゴ、フランボワーズ、マンゴー、グアバ、グロゼイユ、カシスの8種類。

❻ Tablette Chocolat
［タブレット・ショコラ］

ホワイトデー用の板チョコレートは、ホワイトチョコレートにハート形のクッキーとドライアプリコットをあしらった、かわいらしいデザイン。このほか、ミルクチョコレートにヘーゼルナッツ、ブラックチョコレートにコーヒー豆を貼りつけたものも。毎年少しずつ内容を変えて2〜3品を用意している。

ENTREMETS

......
記念日のケーキ

Ours
[クMAX]

動物キャラクターのショートケーキは、ユウジアジキのアイコン的商品。なかでも「ク MAX」は安食シェフがいちばん最初につくったキャラクターで、シェフとは 10 年以上のつき合いだ。チョコレートやブドウ、ドレンチェリーなどを駆使してつくる愛らしいクマの表情に、たいていのお客が目を奪われるそう。ク MAX は同店のメインキャラクターとしてホームページや販促物にも登場。シェフに代わって店からのメッセージを伝えている。

Lapin

[うさぎちゃん]

イチゴの真っ赤な目が印象的な「うさぎちゃん」は小さな女の子に大人気。このキャラクターの誕生のきっかけは、お客からのクレーム。孫の誕生日ケーキを購入したが、箱に入っていたのは注文したものとは違う大人向けのケーキで、孫に「いらない」と言われたそう。そこで「再度チャンスを与えてほしい」とつくったのがこのケーキ。「大好きなウサギにお孫さんも大喜びだったそうで、お客さまにも感謝されました」(安食シェフ)。

Porc
[ぶたさん]

ヨーロッパでは幸運の象徴とされるブタは、誕生日や記念日のケーキにはうってつけ。ショートケーキに、パータ・ジェノワーズでつくった耳と脚、鼻をつけて、愛嬌のある表情に。目は、輪切りにしたブドウ。その上にまぶたとしてホワイトチョコレートをのせ、ホワイトチョコペンでハートを描いて愛らしく。頬の赤みはフランボワーズパウダーを指でのせる。鼻の穴の中にブルーベリーを詰めているのは、シェフのちょっとした遊び心。

Chat
[猫ゆうじ]

ネコ好きのお客も多いことから、ネコのキャラクターケーキも登場。鼻はトリュフボール、口もとは生クリームをまるく絞って立体的に。目は、輪切りにしたブドウに木の葉形のブラックチョコレートをのせ、寒天をぬって目力をつけた。まるくぬいたパータ・ジェノワーズの焼き色を利用して三毛猫模様をつくっているのもアイデア。チョコレートでつくる繊細なひげとまつげにも注目。ドレンチェリーの舌を出して、いたずらっぽい表情に。

Poussin
[ひよこちゃん]

虫を追いかけている、卵の殻をかぶった生まれたての「ひよこちゃん」。なんとも微笑ましいキャラクターケーキは、お食い初めや生後6ヵ月のハーフバースデー、1歳の誕生日などの記念日に際して注文を受けることが多い。各キャラクターは、大切な記念日のパーティーに呼ばれるという設定なので、仕上がりの表情にはとても気を遣うそう。キャラクターケーキはこれまで1万台近く販売してきたが、すべて安食シェフが手がけているという。

Voiture
[ブーブー]

大小 2 つの四角いショートケーキを重ねた車形のケーキは、男の子の人気ナンバーワン。
ライトを目に、グリルを口に見立ててフルーツで顔をつくり、チョコレートの太い眉毛を
つけて、やんちゃな表情に仕上げている。タイヤに見立てて貼りつけているのはマカロン、
テールランプはドレンチェリーと、細部までつくり込んでいる。ボンネットにはホワイト
チョコレートのプレートを貼りつけ、ここに新しい年齢を書き込めるようにしている。

Fraise

[フレーズ]

週 200 台ほど販売するアントルメのなかで、一番人気がショートケーキ。那須高原の指定養鶏所から届く生みたての卵でつくるパータ・ジェノワーズと上質な生クリームの組合せは、プチガトーと同様（41頁参照）。デコレーションのポイントは、色とクリームの絞りの美しさ。イチゴは完熟した真っ赤なものを使い、2等分してヘタの部分に切り込みを入れてハート形に。メッセージを書いたハート形のチョコレートプレートを添える。

Fromage Cru

[フロマージュ・クリュ]

デンマーク産とフランス産の2種類のクリームチーズを使用したレアチーズケーキ。底の生地は2枚で、パート・シュクレ・オー・ザマンドにレモンのクリームをぬり、ビスキュイ・ジョコンドを重ねている。プチガトー（46頁参照）は直方体のシンプルなフォルムだが、アントルメではサントノレ用の口金でクレーム・シャンティイを絞り、まわりにはサイコロ状のスポンジ生地を貼りつけて、ゴージャスな仕立てに。くし切りのレモンとレモンの葉を飾って色彩にアクセントをつけている。

Mont-blanc

[モンブラン]

構成はプチガトー（78頁参照）と同じで、土台のメレンゲに、フランス産のマロンペーストとマロンピュレでつくるマロンクリーム、軽やかな口あたりのホワイトチョコレートのガナッシュを絞り、シャンティイ・マロンでおおう。山形のモンブランは色も単調で見た目が地味なので、大小のセルクルでぬいたホワイトチョコレートとブラックチョコレートのプレートをクリームに水平にさし込んで、モダンなスタイルに仕上げた。粉糖をふってアラザンを飾り、ピンクのリボンの輪かをあしらって、華やかさをプラスしている。

Delice
[デリス]

ホワイトチョコレートのムース、フランボワーズのクリーム、チョコレートのムース、ピスタチオのビスキュイ、フィアンティーヌ・ショコラを重ねたプチガトー（157頁参照）のアントルメバージョンは、ピスタチオグリーンのクレーム・シャンティイ、ピンクのマカロン、ホワイトチョコレート、フランボワーズで華やかにデコレーション。色合いの異なる5層の断面の美しさもこのケーキのポイントで、ムースやクリームの層に挟んだフレーズ・デ・ボワやフランボワーズも鮮やか。

Honey Hunt
[ハニーハント]

プロヴァンス産ハチミツのムースの中に仕込んでいるのは、バニラの香り豊かなクリーム。土台はメープルシュガーで風味をつけたビスキュイ・ジョコンド。プチガトー（142頁参照）と同様、形は六角形で、上面にキャラメルソースを配してあり、切り分けた時にとろりと流れ出る仕掛けだ。キャラメルソースを囲んでいるのは、サントノレ用の口金で絞ったイタリアン・メレンゲ。ガスバーナーで焼き色をつけ、エッジのきいたデザインに。

ENTREMETS | 記念日のケーキ

Printemps
[プランタン]

パート・シュクレ・オー・ザマンドにクレーム・フランジパーヌ、イチゴを詰めて焼き上げたタルトに、コンポート・フリュイ・ルージュ、フレッシュのイチゴ、フランボワーズやブルーベリーなどの赤い果実をのせて、チーズクリームをたっぷり絞ったアントルメ。ホワイトチョコレートのコポーを大胆に盛り込んで、華やかに仕上げた。くるんとカールさせたピンクのリボンをまとわせて春（プランタン）らしい装いに（プチガトーは49頁参照）。

Jivara

[ジヴァラ]

チョコレートとプラリネペーストをからめたフイアンティーヌ、クリのケイク生地、ミルクチョコレート「ジヴァラ・ラクテ」(ヴァローナ・カカオ分40%)のガナッシュを重ねた、ユウジアジキのスペシャリテ。シンプルかつダイナミックなチョコレートのデコレーションも、このケーキの特徴だ。ブラックチョコレートを薄く削ってつくったチョコレート・コポーを上面に整然と、隙間なく並べてインパクトを出している(プチガトーは107頁参照)。

Saotobo Rouge
[サオトボ・ルージュ]

フリーズドライフランボワーズパウダーをまぶしたこの真っ赤なケーキも看板商品のひとつ。アントルメも、プチガトー（110頁参照）と同様、まわりはチョコレートのビスキュイ、中は冷凍したピスタチオ風味のガナッシュという構成で、中のガナッシュが溶け出るよう、食べる時は電子レンジで少し温めることをすすめている。チョコレートのクリームとフランボワーズ、フイアンティーヌ・ショコラ、筒状のチョコレート細工でデコレーション。

HOLIDAY

……

シェフの休日

店の定休日には、朝3時に起きて海に行くという。サーフボードには、安食シェフが描いた店のイラストが。

Surfing

安食シェフにとってサーフィンは、もはや趣味ではなく、ライフスタイル。「パティシエである前に、リアルサーファーであり続けたい」とは安食シェフの弁。

　パティシエとして仕事を続けていくうえでいちばん大事なのは、健康な体を維持すること。そのために、気をつけていることが2つあります。ひとつは食事です。親元をはなれたばかりの新人スタッフを見ていると、毎日の食事を手軽なインスタント食品や外食ですませることが多く、その結果として体調をくずしやすい。よい仕事をするには、きちんとした食生活を送ることが不可欠です。

　もうひとつは、趣味をもつこと。狭い厨房での仕事は、肉体的にも、精神的にもプレッシャーが大きい。だから、休日は仕事を忘れて、自分の好きなことに没頭するべきです。仕事の悩みや疲れを忘れさせてくれるような何かを見つけることは、じつは仕事を続けていくうえでも大切なことなのです。

　僕は学生時代から30年間近く、ずっとサーフィンを続

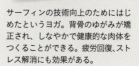

Yoga

サーフィンの技術向上のためにはじめたというヨガ。背骨のゆがみが矯正され、しなやかで健康的な肉体をつくることができる。疲労回復、ストレス解消にも効果がある。

世界的に有名なバリ島のサーフポイント、クラマスで。「朝日を受けながら波にのる瞬間は、至福の時」と安食シェフ。

けてきました。いまも可能なかぎり、ほぼ毎週海に出ています。サーフィンをファッション視する人もいますが、言語道断です。サーフィンは自然を相手にする過酷なスポーツで、つねに自己鍛錬が求められる。波と向き合うことで、自分の体の限界も知ることができる。その結果、おのずと体の調整を心がけ、体力や筋力の維持に努めるようになる。

　また、大きな波に挑戦するには、経験を積み、日頃から精神面を鍛えておかなければなりません。人生や商売においても、同じことが言えますよね。どんな困難な局面に立ってものり越えられるよう、技術を養い、精神力を身につけ、人脈をつくっておく必要があります。

　趣味を充実させるのは、心の健康を保つうえでとても大切。趣味があるから、よい仕事ができるのです。

STAFF

……

スタッフ

厨房スタッフ12名、販売スタッフ4名。店の繁忙時には、厨房スタッフもホールに出て販売の手伝いをする。

　シェフの仕事は「おいしい菓子をつくる（考案する）こと」と思われがちですが、僕自身は職人としてよい商品をつくることが半分、残りの半分は人を育ててよいチームをつくることだと思っています。菓子店の運営は、個人プレーでは成り立ちません。つまり、よいチームがつくれなければ、自分が思い描く菓子を店頭に並べることができない。厨房スタッフのレベルを個々に引き上げつつ、チームとしての体制をととのえることは、おいしい菓子をつくるため、シェフに必要な技術のひとつだと考えています。

　製造のテクニックは、ある程度経験を積めば習得できます。ただ、それをいかにきちんとスタッフに伝えていけるかが重要です。とくに1日に数百人のお客さまが来店する店では、人を育ててよいチームをつくらないことには仕事がまわりません。そのためには、シェフは、人間性ももちろん大事ですが、それ以前に知識、感性、技術などある程度魅力を感じてもらえるものをもっていないと、スタッフ

　はついてきてはくれません。僕は、初めて後輩をもった時、一生懸命「先輩」をやろうとしました。でも自分が未熟だったため、反発された経験があります。その時に、人を動かすためには、まず自分自身を磨かなければダメなんだと痛感しました。自分に力があれば、黙っていてもまわりに人が集います。

　チームのすばらしさは、たとえば1人で月に1000個の菓子しかつくれなかったスタッフ2人が、一緒に作業をすることで月に3000個つくれたりする。1kgの粉からできる菓子は限られていますが、人の可能性は無限大。そこがチームづくりの醍醐味でもあります。

　人材を"人財"として育てていく。菓子屋の経営のポイントはチームづくりにあると思います。ここにいるスタッフも、いつかシェフになる時が来るでしょう。その時のためにも、人を育てることやチームづくりの大切さを意識しつつ、自分を磨いていってほしいと思います。

父への手紙

安食 豊次郎へ

建設会社を営む父は職人気質で口下手でしたが、男らしく働き者でした。
やんちゃな次男坊の私を、自分とそっくりだと人に話していたのを覚えています。
そんな父に私はよく怒られたものです。

「男は少し気性が荒いくらいでいい」
「喧嘩するなら自分より強い奴とやれ」
「お前はお父さんに似てもてるから、女に気をつけろ」
「挨拶は大事だ。嘘はつくな」
「俺は大工に喰わせてもらっている」
「人を使えるようになれ、人の上に立てる人間になれ」

心に残る父の言葉。

怖くて強い父親の背中は大きくて、肩車はのり心地がよくて、
いつもトニックシャンプーの匂いがしていました。

父親として、男として、経営者として尊敬するお父さん。

最後まで私の独立を願い、
最後まで心配をかけた父。

2010年5月に「スイーツガーデン ユウジアジキ」がオープンして、
同年8月に他界した父は、ユウジアジキに来店することは叶いませんでしたが、
父の血と魂は私の中にしっかりと息づいています。

雄二より

INDEX
索引

菓子名

《あ》
安食ロール…191
アッサム・カネル…126
あまおうのシブスト…72
あまおうのタルト…58
アメリカンチェリーの軍艦巻き…61
アリババ・モヒート…174
アルモニー…118
イヴェール…50
ウィークエンド・シトロン…186
うさぎちゃん…205
エクレール・カフェ…66
黄金桃のにぎり…60

《か》
カーディナルシュニッテン…96
ガレット・デ・ロワ…194
ギモーヴ…202
キャレ・アルザシエンヌ…184
クMAX…204
グルノブロウ…138
クルミのダコワーズ…131
グレープフルーツのシブスト…77
ケイク・ココバナーヌ…189
ケイク・ハイビスカス…189
ケイク・バンブー…188
ケイク・ピーチティー…188
ケイク・フィグノワールカシス…189
ケイク・モヒート…188
米サブレ…187
コロンビア・ナリーニョ…201

《さ》
サオトポ…111
サオトポ・ルージュ…110
サオトポ・ルージュ(アントルメ)…215
サブレ・ノワゼット…187
サブレ・バニーユ…187
サントノレ・トンカ…70
ジヴァラ…107
ジヴァラ(アントルメ)…214
塩サブレ…187
シュー・ア・ラ・クレーム…62

シュークリーム食べた〜い…64
シュトーレン…196
ショコラ・フランボワーズ…160
スイーツガーデン…162
スペアミント…68
スモーキー・アルマニャック…200

《た》
ダコワーズ・ノワゼット…186
タブレット・ショコラ…203
タルト・シトロン…89
タルト・シトロン・キャラメル・ポワール…88
ダンゴ…199
タンゴール…128
チョコシナモンサブレ…187
チョコレートケーキ…152
ディアマン・ココ…187
ディアマン・セザム…187
ディアマン・ノワ…187
デコポンのシブスト…76
デリス…157
デリス(アントルメ)…212
トロピカルショートケーキ…44

《な》
ナガノパープル、イチジク、カシスの
リンツァートルテ…92
猫ゆうじ…207
ノワゼット・バナーヌ・エ・カフェ…122

《は》
パート・ド・フリュイ…203
白桃のババロワとクレマン・ダルザスのゼリー、
バラの香りの白桃コンポート…172
バトン・セザム…187
バトン・フロマージュ…187
ハニーハント…142
ハニーハント(アントルメ)…212
パン・ド・ジェンヌ・アマンド…186
ピーチティー…168
ひよこちゃん…208
フィナンシェ…183
フィナンシェ・プール・ノワゼット…182
フィナンシェ・メープル…183
ブーブー…209
フォレ・ノワール…100

ブション・ド・シャンパーニュ…164
ぶたさん…206
プラリネ…199
プランタン…49
プランタン(アントルメ)…213
プリン(プレミアム、ジャージー、
スタンダード)…192
フルーツのシブスト…77
フレーズ…41
フレーズ(アントルメ)…210
フレジエ…56
フロマージュ・クリュ…46
フロマージュ・クリュ(アントルメ)…211
ベイクドチーズと果実のタルトの
マリアージュ…52

《ま》
マカハ-4…134
マカロン・フラワー…202
マドレーヌ…180
マドレーヌ・バニーユ…181
マリー・アントワネットのおやつ…203
宮崎マンゴー大トロにぎり…61
ミラネーゼ…114
ミルクレープ…85
美和…147
モヒート…201
モモのショートケーキ…45
モンブラン…78
モンブラン(アントルメ)…211

《や》
洋梨のシブスト…76

《ら》
ラ・クマのマクラ…190
ラブ・セントラル…198
ラブ・ロックス・シロ…203
ロイヤルミルクティープリン…169
ロシェ・アマンド…200

《わ》
和栗のミルクレープ…84
和栗のモンブラン…81

パーツ名

＊数字はそのパーツのレシピを表記した頁、およびそのパーツを使用した菓子（レシピ掲載商品）の頁

《 生地 》
カーディナルマッセ…96
クラクラン（クッキー生地）…64
クリ粉入りクレープ生地…84
サブレ
　▸ クルミのサブレ…138
　▸ ココナッツのサブレ…128
　▸ ピスタチオのサブレ…114
パータ・ケイク・オ・マロン…107
パータ・ジェノワーズ…16、41、72、88
パータ・ジェノワーズ・オ・ショコラ…152
パータ・シュー…20、62、64、66、68、70
パータ・ダコワーズ…131、134、138
パータ・ババ…174
パータ・リンツァー…92
パート・シュクレ・オー・ザマンド
　…18、46、49、52、56、58、88、118、126、128
パート・フイユテ…28、70、72、184、194
ビスキュイ・オー・ザマンド・エ・ショコラ
　…24、100、114、118、126、160
ビスキュイ・オ・ショコラ・サン・ファリーヌ…128
ビスキュイ・サオトボ…110
ビスキュイ・サッシェ…26、100、152、160
ビスキュイ・サン・ファリーヌ…81、122
ビスキュイ・シフォン・オ・ショコラ…152
ビスキュイ・ジョコンド
　▸ 黒糖風味のビスキュイ・ジョコンド…147
　▸ ビスキュイ・ジョコンド…22、46、164
　▸ メープル風味のビスキュイ・ジョコンド…56、142
ピスタチオ風味のビスキュイ…157、162

《 クリーム、ソース 》
アバレイユ（あまおうのシブスト）…72
ガナッシュ
　▸ ガナッシュ・サオトボ…110
　▸ 煙製生クリームとアルマニャック風味のガナッシュ
　　（スモーキー・アルマニャック）…200
　▸ コーヒー風味のガナッシュ（コロンビア・ナリーニョ）…201
　▸ ココナッツ風味のホワイトチョコレートのガナッシュ…134
　▸ シナモン風味のガナッシュ…126
　▸ フランボワーズ風味のガナッシュ…160
　▸ ホワイトチョコレートのガナッシュ…58、78、81、138
　▸ ミルクチョコレートのガナッシュ…107、128
　▸ ミント、ライム、ラム酒風味のガナッシュ
　　（モヒート）…201

カモミール風味のソース…118
キャラメル・サレ…88
キャラメルソース…142
クレーム・アングレーズ
　▸ カモミール風味のクレーム・アングレーズ…56、118
　▸ キャラメル風味のクレーム・アングレーズ…110、134
　▸ クレーム・アングレーズ
　　…32、107、114、118、122、126、128、131、138、152、157
　▸ 紅茶風味のクレーム・アングレーズ…126、168
　▸ コーヒー風味のクレーム・アングレーズ…122
　▸ ジャスミン風味のクレーム・アングレーズ…118
　▸ バニラ風味のクレーム・アングレーズ…142
　▸ 抹茶風味のクレーム・アングレーズ…147
クレーム・オ・ショコラ…152
クレーム・シブスト…72
クレーム・シャンティイ…41、46、100、164、168、172
クレーム・ダマンド
　▸ クレーム・ダマンド…33、49、52、56、58、194
　▸ シナモン風味のクレーム・ダマンド…92
クレーム・ディプロマット
　▸ クレーム・ディプロマット…41、58、62、64、70
　▸ コーヒー風味のクレーム・ディプロマット…66
　▸ ミント風味のクレーム・ディプロマット…68
クレーム・トンカ…70
クレーム・パティシエール…30、49、58、72、81、88、174
クレーム・フランジパーヌ…49
クレーム・ムースリーヌ
　▸ クルミのクレーム・ムースリーヌ…131、138
　▸ クレーム・ムースリーヌ・オ・ショコラ…152
　▸ ピスタチオ風味のクレーム・ムースリーヌ…56
　▸ フランボワーズ風味のクレーム・ムースリーヌ…162
紅茶風味のクリーム…126
コーヒー風味のクリーム（カーディナルシュニッテン）…96
コーヒー風味のクリーム（ノワゼット・バナーヌ・エ・カフェ）…122
黒糖キャラメルソース…147
サオトボ・クリーム…107、110、114、118、126、162
ジャスミン風味のクリーム…118
シャンティイ・オ・ショコラ…100、152、160
シャンティイ・オ・マロン…78
チーズクリーム（フロマージュ・クリュ）…46、49、92
チーズクリーム（ベイクドチーズと果実のタルトのマリアージュ）…52
バニラ風味のクリーム…142
フランボワーズ風味のクリーム…157
抹茶風味のクリーム…147
マロンクリーム…78
マンゴーとパッションフルーツのクリーム…134
レモンクリーム（タルト・シトロン・キャラメル・ポワール）…88
レモンクリーム（フロマージュ・クリュ）…46
和グリのシャンティイ…81、84

《 そのほかのパーツ 》
アーモンドスライスのヌガー…184
イタリアン・メレンゲ(焼成したもの)…88、142、147
グラサージュ・ショコラ…160
コンフィチュール
　▸カシスのコンフィチュール…92
　▸フランボワーズのコンフィチュール…160、184
コンポート
　▸グリオットチェリーのコンポート…100
　▸コンポート・フリュイ・ルージュ…37、49、58、114、160、164
　▸フレーズ・デ・ボワのコンポート…164、172
　▸洋ナシのコンポート…174
シロップ
　▸グリオットチェリーのコンポートのシロップ…100
　▸黒糖シロップ…147
　▸コンポート・フリュイ・ルージュのシロップ…49、58、164
　▸コンポート・フリュイ・ルージュのシロップと赤ワインヴィネガー…160
　▸メープル風味のシロップ…142
ゼリー
　▸クレマン・ダルザスのゼリー…172
　▸白桃のゼリー…164、168
　▸ミントのゼリー…174
白桃風味のババロワ…172
フイアンティーヌ・オ・ショコラ…107、110、157、162
プラリーヌ、プラリネ
　▸アーモンドのプラリネ…128、200
　▸ヘーゼルナッツのプラリーヌ…36、122
プリン
　▸紅茶のプリン…168
　▸プリン(プレミアム、ジャージー、スタンダード)…192
フルーツの洋酒漬け
　▸イチジクの赤ワイン漬け…196
　▸ドライイチジクのマリネ…92
　▸フルーツのラム酒漬け…196
ムース
　▸キャラメル風味のムース…134
　▸紅茶のムース…168
　▸ココナッツ風味のムース…134
　▸シャンパンのムース…164
　▸ハチミツのムース…142
　▸バニラのムース…147
　▸ピスタチオのムース…114
　▸ムース・オ・ショコラ…114、118、122、126、157
　▸ムース・オ・ショコラ・ブラン…128、157
メレンゲ(焼成したもの)
　▸グロゼイユ風味のメレンゲ…164
　▸ココナッツ風味のメレンゲ…134
　▸メレンゲ…58、78

安食雄二　Ajiki Yuji

1967年生まれ。東京都出身。高校卒業後、武蔵野調理師専門学校に入学。当初は料理人をめざしていたが、製菓実習でつくったシュークリームのおいしさに感動し、製菓に興味をもつように。東京・大泉学園の洋菓子店「ら・利す帆ん」を皮切りに、神奈川・葉山「鴫立亭」、横浜ロイヤルパークホテルで修業を重ねる。コンクールにも積極的に出場し、96年にはベルギーで開催された「マンダリン・ナポレオン国際大会」で日本人初の優勝を果たす。フランスでの3ヵ月間の研修を経て、98年から東京・自由が丘「モンサンクレール」のスーシェフ、2001年から約7年間は、神奈川・たまプラーザ「デフェール」のシェフパティシエを務めた。10年に「スイーツガーデン ユウジアジキ」を開業。

スイーツガーデン ユウジアジキ
神奈川県横浜市都筑区北山田2-1-11 ベニシア1F
☎ 045-592-9093
営 10時～19時　休 水曜（臨時休業あり）
http://www.yuji-ajiki.com/

AJIKI SWEETS WONDERLAND
安食雄二のオリジナルスイーツ

初版発行	2016年5月15日
2版発行	2018年9月30日
著者 ⓒ	安食雄二
発行者	丸山兼一
発行所	株式会社柴田書店
	〒113-8477　東京都文京区湯島3-26-9 イヤサカビル
	営業部　03-5816-8282（注文・問合せ）
	書籍編集部　03-5816-8260
	http://www.shibatashoten.co.jp
印刷・製本	凸版印刷株式会社

本書収録内容の無断掲載・複写（コピー）・データ配信等の行為は固く禁じます。
乱丁・落丁本はお取り替えいたします。

ISBN978-4-388-06232-4
Printed in Japan